会社四季報の達人が教える10倍株・100倍株の探し方

20年以上、毎号2000ページ超の
四季報を長編小説のように読み続けた達人
渡部清二

東洋経済新報社

プロローグ

四季報読破で見つけた10倍株

『会社四季報』を最初から最後まで、およそ2000ページすべて読む。
そんな〝四季報読破《どくは》〟を私は20年以上、続けてきた。『会社四季報』は1集（新春号）、2集（春号）、3集（夏号）、4集（秋号）と1年に4冊刊行される。今までに完全読破した会社四季報を、最初の1998年1集新春号から積み重ねると、その数なんと80冊以上。すべてのページを毎号読むからこそ、いつも新しい驚きや感動があった。思い返せば本当に感慨深い。

2015年4集秋号の「四季報読破」に取り組んでいたとき、とても気になる銘柄を見つけた。それは2015（平成27）年9月に上場したばかりの「STUDIOUS（ステュディオス、現TOKYO BASE）」（3415）という会社で、「国内ブランド特化型のセレクトショップ」を手がけると書かれていた。国内ブランドに特化する、というのはどういうことなのか。

興味をもって読み進めると、コメントに「過去最多の年8出店と躍進」と書いてあったが、「8出店」が躍進なのかどうか、前期の店舗数を『会社四季報』に掲載されている【店舗】欄で確認してみると9店舗しかない。つまり店舗は今期ほぼ倍増しており、当然、売上高や営業利益など業績面も伸びている。このことから、この銘柄の将来性を感じ取った私はさっそく投資してみることにした。

しかし、その後、株価は下がり続け、しばらく我慢の時期が続く。同社のように小売業の現状を知るには、実際の店舗に行くのが一番早い。少し心配になった私はさっそく店舗を訪れてみた。すると、日本製で品質の高い商品がそろっていて、店員たちもイキイキと働いているではないか。手はじめに購入したカバンは今でも愛用している。それぐらい使い勝手がよい。その後、店舗横の小さな会議室で開かれた、上場後はじめての株主総会に出た私は、谷正人代表取締役CEOの熱い想いやコンセプトに触れ、ますますこの会社を

図表0-1　STUDIOUS（現TOKYO BASE）

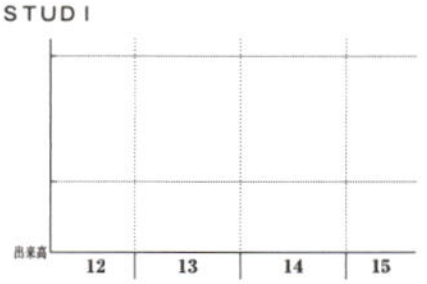

株価指標
予想PER　（倍）
〈16.2〉　—
〈17.2〉　—
実績PER
高値平均　—
安値平均　—
PBR　—
株価
—
最低購入額

【小売業】
3415
(株)STUDIOUS
【決算】2月
【設立】2008.12
【上場】2015.9

【特色】国内ブランド特化型のセレクトショップと独自ブランド「UNITED TOKYO」店運営
【単独事業】実店舗販売68、インターネット販売32〈15・2〉

【続増益】過去最多の年8出店(前期3)と躍進。客数、客単価も堅調。が、出店・人件費が増、上場費用も負担となり営業微増益圏。M&Aなど成長投資優先し無配続く。
【拡大】9月に京都、10月に名古屋、11月に大阪・吹田へ出店。15年度末に22店舗(リアル)計画。16年4月に30人の新卒者(前期17名)獲得予定。店長育成し、店舗当たり営業利益率15%(15年度計画11%)狙う。

【本社】150-0043東京都渋谷区道玄坂1-14-6　☎03-6455-0644
【店舗】原宿，新宿，渋谷，池袋，有楽町，横浜，名古屋，大阪，福岡
【従業員】〈15.5〉92名(28.1歳)年492万円
【証券】上東京マ　幹(主)日興(副)SBI，みずほ，マネックス　名三菱U信　監トーマツ
【銀行】三井住友，みずほ，りそな，西武信金
【仕入先】—
【販売先】—

年月【資本異動】　万株
15. 5　分1→1000　205
15. 9　公11万株(2870円)　216
15.10払　三者5.01万株(OA)　221

東証マ　高値　安値
高値　安値　出来万株

【四半期進捗率】3期平均—　今期18.3%(—)
【格付】—
【業種】衣料小売り
時価総額順位　—
【比較会社】7606 Uアローズ，3092 スタートT

【株式】7/31　2,050千株
単位　100株
時価総額　—億円
【財務】〈単15.5〉　百万円
総資産　2,068
自己資本　1,010
自己資本比率　48.8%
資本金　37
利益剰余金　951
有利子負債　332
【指標等】〈単15.2〉
ROE　51.9%　予39.6%
ROA　19.8%　予19.3%
調整1株益　—円
最高純益(15.2)　385
設備投資　85　予225
減価償却　33　予49
研究開発　0　予0
【キャッシュフロー】　百万円
営業CF　356(372)
投資CF　▲252(▲116)
財務CF　145(▲157)
現金同等物　851(601)

【株主】単7名〈15.2〉　1株
谷正人　430(20.9)
NVCC6号投資事業組合　430(20.9)
鹿島克美　420(20.4)
中水英紀　310(15.1)
(株)MT Asset Management　180(8.7)
(株)K Asset Management　180(8.7)
(株)ASIA Asset Management　100(4.8)
〈外国〉0.0%　〈浮動株〉0.0%
〈投信〉0.0%　〈特定株〉100%

【役員】(代取)谷正人 (取)中水英紀 中垣徹二郎 (常監)佐々木陽三朗 (監)小島圭介 徐進

【業績】(百万円)	売上高	営業利益	経常利益	純利益	1株益(円)	1株配(円)
単14. 2*	3,085	498	497	306	149.7	0
単15. 2*	4,470	628	626	385	188.1	0
単16. 2予	6,000	640	640	400	180.3	0
単17. 2予	7,600	830	830	520	234.3	0
中15. 8予	2,400	260	260	160	78.0	0
四15. 3- 5	1,239	117	117	73	35.9	
会16. 2予	5,976	641	640	396	(15.7.29発表)	

【配当】	配当金(円)
14. 2	0
15. 2	0
16. 2予	0
予想配当利回り	—%
1株純資産(円)〈単15. 5〉	492.7 (456.8)

（出所）『会社四季報』2015年4集秋号

応援したくなった。

ＴＯＫＹＯ　ＢＡＳＥ（トウキョウベース）についてくわしくは第３章に書いているので参照してもらいたいのだが、その後、株価は上昇に転じ、２０１６年２月の安値１０７円（株式分割を考慮した修正株価）から10倍以上になった。

もし会社四季報をくまなく読破しなかったら、私はおそらくこの銘柄の存在に気づかなかっただろう。

もしかしたら、アパレル業界で10倍に〝化ける〟銘柄があるなんて思わなかったかも

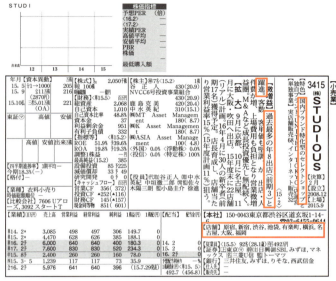

TOKYO BASEのプライベートブランド「UNITED TOKYO」のタグ。
MADE IN JAPANではなく、MADE INの後には、県名が書かれている。

しれない。

また、今や私がプライベートで着る服のほとんどは、TOKYO BASEのものである。品質の高さはもちろん、応援している会社のつくる服だから、着ていて本当に気持ちいい。「四季報読破」は、私の日々の暮らしにも楽しみと潤いを与えてくれたのだった。

冒頭から会社四季報に対する私の個人的な思いと経験を熱く語ってしまった。以後、『会社四季報』を「四季報」と略して呼ぶことを許してほしい。

テンバガーではなくテンバガーに注目

「テンバガー（10倍上がる株）を見つけるには、まずは自分の家の近くから始めることだ。裏庭になければ、商店街や、職場である」

これは、株式投資家のためのバイブルで、不朽の名著とされる『ピーター・リンチの株で勝つ』（ダイヤモンド社）にある一節だ。

筆者のピーター・リンチ氏は1977年から13年間、投資信託会社フィデリティの有名ファンド「マゼラン・ファンド」の運用に携わり、基準価額を約28倍にした伝説のファンドマネジャーだ。同時に「テンバガー」という言葉を、広く一般の人々に知らしめたことでも有名だ。

「テンバガー」は、リンチ氏の著書に出てくるウォール街の業界用語で、株価が10倍になる銘柄を指す。「テンバガー」を英語で書けば「ten-bagger」。「bag」とは野球のベースを意味し、ホームランは「four-bagger」だ。つまり、テンバガーとは、「1打撃で10個もベースを踏むようなホームラン」といったイメージだろうか。間違っても〝10個のハンバーガー〟（テンバーガー）ではないのでご注意を！

リンチ氏は同書の中で、「話題の銘柄や証券会社の推奨銘柄、専門誌の『今週の銘柄』などは無視して、自分自身の調査に基づいて投資すべきだ」と書いている。例えば、妻が愛用するストッキングのメーカーや、女性の間で話題になっている洋服店の銘柄は10倍株や100倍株にもなっている、というエピソードなどを紹介している。アナリストなどプロの専門家の分析より、身近に起きている現象や家族のひと言に投資のヒントがあると一貫して訴えていた。

このリンチ氏の考え方に、私はとても共感を覚える。

本書でも私の経験に基づく10倍株探しのノウハウや考え方をお伝えするが、単純に大儲けをしようという話ではない。

私たちは日々、消費者として、またビジネスパートナーとして、上場企業の商品やサービスに接している。そのため上場企業について1社でもくわしく知っているほうが、生活や仕事をする上でプラスになるし、人生を楽しく、豊かにしてくれると思う。

そこで、みなさんにお伝えしたい最大のポイントは、〝会社四季報を活用して〟10倍株を見つけ出す、ということだ。

なぜ四季報か、といえば、「誰でも手に入れられる本」というのが大きい。

さらに、本書では、**四季報をすべて読まなくとも10倍株&100倍株を見つけるノウハウを解説している。誰であっても10倍株探しを再現できるはずだ。**

ウェブ版の「会社四季報オンライン」でスクリーニング機能を使えば、条件に合った銘柄が瞬時に表示される。とても便利で私も活用している。ただ、四季報オンラインだけでは、気になる銘柄だけをピンポイントに見てしまいがちで、どうしても偏りが生じてしまう。

それは、例えばスーパーに出掛け、陳列されている商品をズラッと見れば、季節が感じられたり、売れ筋がわかったりするのと同じだと思う。私がＴＯＫＹＯ　ＢＡＳＥを見つけ出せたように、全体を俯瞰《ふかん》する意味では、アナログだが四季報の読破が最強だ。両者のよさを活かす意味でも、四季報と四季報オンラインの併用をおすすめしたい。

会社の先輩からの叱咤激励「四季報、全部読んでこい！」

四季報を「銘柄を調べるための辞書」だと思っている人は多いのではないだろうか。かくいう私もかつてはそのひとりだった。

その考えをあらためたきっかけは、**かつて在籍していた証券会社の先輩から「四季報、全部読んでこい！」という迫力の〝ツメ〟（当時の社内用語で厳しい言葉で叱咤激励すること）を受けたこと。厳しい社風だったので、返事は「はい」か「Ｙｅｓ」しかない。**「やらなきゃヤバイ」と動物的直感が働いた私は、条件反射的に「はい、わかりました！」と答えてしまった。

しかし、実際に取り組んでみると、四季報読破は予想以上に過酷な作業……。１冊目を読破するのに１週間以上を費やした。大変だったが、以来、欠かさず読破を続け、もはやライフワークになっている。読めば読むほど四季報の奥深さを知るから続けられる。ちなみに今は、ぶっ続けで読み通すとすれば20時間ほど。普通に生活しながら読むのであれば、

筆者が読破した四季報の山

筆者は誌面に付せんやマーカーをでポイントをチェックしていく

2日半で読破している。

四季報読破とは長編小説と同様、「1ページ目から読む」。1ページ目から巻末特典、編集後記までのおよそ2000ページを、数字、記者コメント、月足チャートなど、気になる部分にマーカーをつけながらすべて読むということだ。

中には「全部読んで何の意味があるのか?」と思う人もいるだろう。そういう疑問にははっきり、「四季報読破は、人生を豊かにしてくれる」と答えたい。

私も、はじめのうちは読み終えた達成感しかなかった。だが、続けていくと企業を知る喜び、社会を知る喜び、そして人生を知る喜びと、どんどん楽しみが増えていった。

最初のうちは、街のいたるところで、知っている会社が光って見えるようになる。例えば、「下を向いて歩いているとマンホールのフタが……。虹技《こうぎ》（5603）！　これも上場しているんだ!」「私が好きな長崎の人気土産、九十九島《くじゅうくしま》せんぺい……。寿《ことぶき》スピリッツ（2222）！　でも親会社は鳥取にあるんだよなぁ」などなど。ほかの人にとってはどうでもいいような、自分だけが知っている小ネタにちょっとした満足感を覚える。

次に**四季報の膨大な銘柄の中からよい銘柄が光っているように見え始める**。そのような銘柄は、実際に株式投資をしても、しなくても、株価が上がってくると自分の努力が市場に評価されたような、ゲームに勝ったような非常に楽しい気持ちになれるのだ。

さらに続けると世の中全体が光って見えるようになる。１人ひとりの働きを積み上げると企業活動になり、１社１社の企業活動を積み上げると日本経済という大きなうねりになる。つまり四季報読破を通じて企業活動を見るということは、株式を通して日本経済を見るのと同じこと。投資の結果がよくても悪くても、さまざまな企業の努力を見ていると「日本経済も捨てたものではない」と実感する。すると前向きに企業を応援したい気持ちになり、世の中全体が明るく見えてくるのだ。

四季報読破の効果は、それだけではない。個別企業や日本経済の幅広い知識が身につき、話題が豊富になるおかげで、周囲からの信頼が高まり、業界を超えた人脈がつくれるようになるだろう。その結果、仕事の幅も広がり、充実した毎日を過ごせるという、非常に大きな成果がもたらされると思う。それはまさに「人生を豊かにしてくれる」ことではないだろうか。

四季報は投資の武器として最強

四季報読破を継続できた秘訣は、読破自体を目的とせず、読破の後、いかに仕事や生活に活かすかを目的にしたことが大きかったと思う。

私は大手証券会社に23年間在籍し、そのうち12年は機関投資家営業という業務に携わっていた。具体的に何をしていたかというと、世界中の運用のプロとされる機関投資家相手に日本株を売り込むことだった。市場全体が上がろうが下がろうが、毎日ひたすら日本株の個別銘柄を売り込んでいた。

一般にはあまりなじみがないが、この運用の世界はとてつもなく巨大だ。特に大きいのが「年金」であり、次が「投資信託」である。年金と投資信託を合わせた「運用しなければいけないお金」は、主に運用会社に委託されている。この運用会社を機関投資家といい、その中で実際に運用している人をファンドマネジャーと呼ぶ。

「運用しなければいけないお金」の総額は、世界でおよそ９０００兆円強にのぼり、その半分以上が株式に投資されているという。９０００兆円というのは日本の国内総生産（ＧＤＰ）の約17倍、日本の国家予算90年分にあたるとてつもない金額である。

運用のプロの世界では誰よりも好成績をあげることが至上命題だ。あるベテランファンドマネジャーのＹ氏はそれを「オリンピック」の世界にたとえ、「四季報、全部読んでこい！」と私を叱咤した先輩は自動車レースの「Ｆ１」の世界にたとえていた。

オリンピック出場者は傑出していて当たり前。その中で誰よりも速く走り、一番高く、一番遠くに跳んだ者が勝つゲームだ。Ｆ１でも速いのは当たり前で、その中で一番速くゴ

1936年6月に刊行された四季報の創刊号

ールを切ったドライバーと車が勝つレースである。プロの運用の世界も「儲けるのは当たり前で、その中で一番速く、最も高く上がる銘柄に乗ったものが勝つ」パフォーマンス競争なのだ。

そんなプロを相手に日本株を売り込んでいくには、セールスとしても〝最強の武器〟をもたなければ太刀打ちできなかった。そこで私は、片手に当時日本一だったアナリストのリポートを、そしてもう一方の手に四季報を持った。**四季報を選んだのはやはり「最強」だからだ。**

何が最強なのか――。それはなんといっても「網羅性」と「継続性」と「先見性」である。

四季報のように上場する銘柄のすべてを1冊に網羅している出版物は世界に類を見ない。また継続性の点でも、四季報は1936（昭和11）年6月創刊号以来、戦中・戦後の一時期を除いて、83

年目の現在までずっと続いている。これだけ継続している出版物もまた珍しい（注：終戦の1945（昭和20）年は休刊、翌年は年1回で復刊した）。さらに、上場企業が3カ月ごとに決算を発表する四半期決算制度などない80年以上前に、年4回の発行としたのは先見性があったといわざるを得ない（注：義務化されたのは2009年3月期から）。

読み始めて4冊目で20倍株

四季報読破の経験を仕事に活かした事例で忘れられないものが、読破4冊目の1998年4集秋号で見つけた、当時上場したばかりの成長株シートゥーネットワークである（※現在は上場していない）。

当時は、ドンキホーテホールディングス（7532）が上場した直後。しかしディスカウントストア業態は当時まだ珍しく、デフレ時代にマッチした銘柄が注目を浴びていた。

そのようなときに私は四季報読破をしていて、シートゥーネットワークを発見した。同社は、加工食品のディスカウントストア「つるかめ」を展開していたが、安売りを実現するために、例えばマヨネーズはトップブランドの「キユーピー」（2809）ではなく、値段は安いが味はたしかな「ケンコーマヨネーズ」（2915）を置いていた。

ユニークな品ぞろえで差別化を図っていた点からも、この銘柄が〝光って〟見えた私は、

図表0-2　シートゥーネットワーク

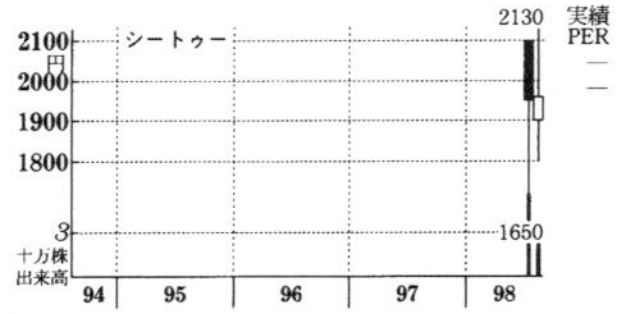

7588 シートゥーネットワーク

【特色】加工食品卸・小売の両輪、首都圏地盤、直営主体に小売事業拡大中　㊥ビッグ・アップル
【事業】加工食品70、菓子9、酒2、雑貨他1、テナント19（98・3）
【決算】3月　㊞
【設立】1947.6
【登録】1998.7

【増　益】卸の「C&C」は横ばい圏だが小売の「つるかめ」は直営、テナントとも既存店二桁増勢。新店も上乗せ。公開費用あるが経常増益。公開記念措置はない。
【目　標】新店は首都圏の小売のみで今期六店と抑えるが来期以降年間一〇店計画。フリーチャージのFC展開も。地方優良商品開拓に力点。早期東証二部上場めざす。

【小売業】

西暦年月【資本異動】		万株
95. 10	合併	186
96. 2	分1→1. 1	205
97. 8	分1→1. 75	359
98. 7	公50万株（2000円）	409
予	なし	

店頭	高値	安値
98. 1~8	**2130**(8)	**1650**(7)

	高値	安値	万株
98. 7	2100	**1650**	56
#8	**2130**	1800	

調整1株益98.3　—
ROE　98.3　25.2(予35.1)
含み損益98.3　45
最高経常98.3　766

【資本金】8/1　352　(4,090千株)
【総資産】　6,895　無額面　㊞1000
【株主資本】　1,510　(21.9%　421円)
【有利子負債】　1,969　【金融収支】　▲24
【分割原資】　‥(7.41倍)　〈98.3〉

【株主】　㊞39名	98.3.31
稲井田安史	1,758(48.9)
㈱プロジェドゥー	431(12.0)
中谷至宏	179(5.0)
金田邦夫	169(4.7)
稲井田初吉	150(4.1)
稲井田有代	135(3.7)
稲井田有司	95(2.6)
市川昭吾	57(1.6)
アオキインター	52(1.4)
日商インターライフ	52(1.4)
〈外国〉　—(　—)	〈浮動株〉14.1
〈投信〉　—(　—)	〈特定株〉88.6

【役員】㈳稲井田安史　㈸中谷至宏　金田邦夫　山田秀毅　㈹宍戸通良　幡野武生　櫻井一聡　(常監)羽織信太郎　㈼江原均　平田毅彦

【業績】(百万円)	売上	営業利益	経常利益	利益	1株益(円)	1株配(円)
94. 3	10,594	279	227	21	12.0	2.5
95. 3	11,464	352	337	3	1.9	2.5
96. 3	13,362	401	422	121	65.3	2.5
97. 3	16,666	506	503	291	142.1	10
98. 3	22,343	748	766	381	106.2	10
99. 3予	**26,000**	**880**	**890**	**530**	**129.6**	10
00. 3予	**31,000**	**1,100**	**1,100**	**660**	**161.4**	10
中97. 9	10,142	336	344	182	50.9	0
中98. 9予	12,800	440	440	260	63.6	0

【本社】101-0041東京都千代田区神田須田町2-2-5　☎03-5298-6366
【C&C卸売店】西武，深大寺，東久留米，川崎，西武Ⅱ【配送センター】八潮【食品卸値館】綾瀬，他13【フーズダイナミックス】6
【従業員】(98. 3)　91名(30. 4歳)　賃308, 975円
【証券】店登録　幹㈲国際㈲野村，一吉，大東，明光　名安田信
【銀行】富士，住友，安田信，興銀，東京三菱
【連結開始予定】‥

（出所）『会社四季報』1998年4集秋号

証券セールスとして顧客に幅広くおすすめした。その結果、どうなったか。なんと株価は1年ちょっとで20倍以上に大化けしたのだ。

四季報をめくっていなければ見つけることができなかったのも事実で、当然、顧客からは大変感謝された。四季報読破が仕事の結果に直結することを実感した出来事だった。

四季報読破を20年以上続けてきて、あらためて思うのは「四季報は物語であり読み物である」ということ

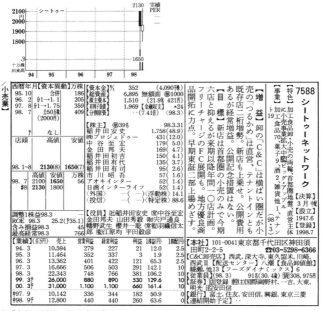

だ。しかし、四季報を最初から最後まで読破するのは難しい。その難しさを知っているからこそ、本書では大事なポイントをわかりやすく伝えたい。

私の夢は、四季報を1人1冊、必ず手にしているのが常識、というような未来だ。1人でも多くの人が、本書によって四季報を読むおもしろさに目覚めてもらえれば幸いだ。

目次

第1章
【事例編】四季報から見つけた10倍株・100倍株　21

第2章 【実践編】10倍株探しの4つのポイント 61

第5章 四季報を読む&使うための技術

番外編　気になったコメント　おもしろコメント　240

（注）本書は株式投資をする際に参考となる情報提供を目的としております。筆者の経験、調査、分析に基づき執筆したものですが、利益を保証するものではありません。投資に関する最終決定は必ずご自身の判断で行ってください。

第1章

【事例編】

四季報から見つけた10倍株・100倍株

1

変化・転換点への「気づき」から始まる
——機関投資家とも対等になれる

「四季報読み合わせ」をしたファンドマネジャーやアナリストは1000人以上

四季報を活用すれば、一般の個人投資家であっても、機関投資家と対等になれる——。これは大手証券会社で機関投資家営業に携わっていた私の経験から、声を大にして伝えたいことだ。

機関投資家営業とは、運用のプロである機関投資家に対して、日本株をセールスすることである。

株を買ってもらうための具体的な業務は広範にわたるが、大きく分けて柱は以下の3つだ。

四季報読破後に毎回作成している「気づき」のまとめ。読み合わせをした機関投資家は50を超えた。ファンドマネジャーやアナリストは延べ1000人以上

①証券会社が抱えるエコノミストやアナリストが日々発信する情報を伝達する
②同エコノミストやアナリストのミーティングを設定する
③企業の投資家向け情報提供（ＩＲ）ミーティングを設定する

私は業界で差別化を図るために、この３つに加えて、４つ目の柱として「四季報を活用する」を実践していた。それが「四季報読み合わせ」である。

具体的には、まず四季報を読破する。そして気になったキーワードや銘柄を資料にまとめ、その資料をもとにファンドマネジャーやアナリストと対面し、一緒に四季報を１ページ１ページめくって確認するのだ。

確認していたのは、四季報読破によって私が感じたちょっとした「気づき」だ。機関投資家の企業分析力とコーポレートアクセス能力（企業と直接コンタクトできる力）は圧倒的である。大手企業の社長にも直接話が聞けるぐらいだから、情報量は膨大で内容も濃い。企業分析も詳細で、**一介のセールスマンの私にはまったく太刀打ちできなかった。だからこそ私は、自分が得意とする四季報読破で、「気づき」を提供することに徹したのだ。**

機関投資家営業にセールスとして携わった12年間に、1回でも「四季報読み合わせ」をした機関投資家は合計50機関以上、ファンドマネジャーやアナリストは延べ1000人を優に超える。

「気づき」を提供した後、機関投資家がどう行動したかは、私にはわからない。そもそも機関投資家は、自分が何を買って、何を売っているかを絶対にいわない。ポーカーフェイスぶりは「さすがプロ！」と思わせる。

しかし、数カ月後あるいは数年後に、「四季報読み合わせ」をした機関投資家の名前が、5％ルールなどで大株主として突然躍り出ることがある。しかも2、3の「気づいた」銘柄の大株主に同時に掲載されることもあった。

すべて私のおかげなどと威張るつもりは毛頭ないが、それでも少しは、私との「四季報読み合わせ」が役立ったと自負している。

なお「四季報読み合わせ」は現在も本業として続けている。

注意して見ている「気づき」のポイントは3つ

さて「気づき」である。これは誤字脱字の発見など「重箱の隅をつつく」系から、会社の大きな転換点という極めて重要なものまでさまざまだが、特に私が注意して見ているのは次の3つである。

①世の中や会社が大きく転換するようなコメント
②突然伸び出す売上高などの業績
③チャートの転換

これら3つは会社が大きく変化し、転換する前触れである。ほかにも30年ぶりの最高益更新などがあるが、この章の「5『何十年ぶり』の最高益銘柄に注目」でくわしく説明する。

一般投資家が四季報を活用して「気づき」を発見するには、この三大ポイントを念頭に置き、まずは四季報を開くことである。**読破をするわけではなく、本当にどこからでもよいので、パラパラめくって、コメント、チャート、業績を見てほしい。1日5分でよい。**

図表1-1　安川電機

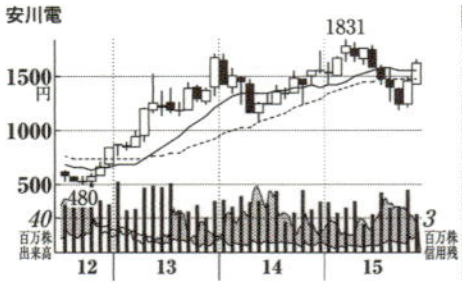

株価指標
予想PER（倍）
〈16.3〉 18.0
〈17.3〉 16.7
実績PER
高値平均 26.4
安値平均 14.0
PBR 2.38
株価（11/26） 1626円
最低購入額 16万2600円

6506 (株)安《やす》川《かわ》電《でん》機《き》
【決算】3.20
【設立】1915.7
【上場】1949.5

【特色】独自制御技術でサーボモーターとインバーター世界首位。産業用ロボットも累積台数世界首位
【連結事業】モーションコントロール47(11)、ロボット34(8)、システムエンジニアリング10(▲2)、他9(2)【海外】64〈15・3〉

【高水準】サーボモーターは中国インフラ関連等が低迷し伸び悩む。が、ロボットが米・中国中心に増勢、採算も向上。労務費増こなし営業益続伸。17年3月期は自動化需要追い風にロボット拡大して営業増益。

【次世代始動】次期主力製品の位置づけで16年春に省エネ、高性能の産業用インバーター「ゼロシリーズ」の受注開始。テクニカルセンターは15年度下期4カ所開設予定。

【電気機器】

年月	【資本異動】	万株
69.12	有3：1	14,000
82. 8	公1200万株（522円）	19,231
82. 9	無1：0.1	21,156
15. 7	交換	26,302

東証	高値	安値
49~13	1687(13)	**19**(50)
14	1715(12)	1079(5)
15.1~11	**1831**(3)	1175(9)

	高値	安値	出来万株
15. 9	1375	**1175**	5,368
10	1493	1211	7,264
#11	**1649**	1405	4,311

【四半期進捗率】3期平均47.8%
今期52.0%（+4.2%）
【格付】R&I A-(安)

【業種】電子部品・産業用電子機器
時価総額順位 17／259社
【比較会社】6503 三菱電機, 6954 ファナック, 6645 オムロン

➡前号並み

【株式】10/31 266,690千株
単位 100株 貸借
時価総額 4,336億円 225
【財務】〈連15.9〉百万円
総資産 389,411
自己資本 180,828
自己資本比率 46.4%
資本金 29,534
利益剰余金 109,580
有利子負債 47,659
【指標等】〈連15.3〉
ROE 16.3% 予13.3%
ROA 6.4% 予 6.2%
調整1株益 93.6円
最高純益(15.3) 24,819
設備投資 363億 予180億
減価償却 122億 予135億
研究開発 153億 予150億
【キャッシュフロー】億円
営業CF 290(239)
投資CF ▲278(▲169)
財務CF ▲14(▲59)
現金同等物 243(229)

【株主】単38,271名〈15.9〉万株
日本マスター信託口 1,351(5.1)
日本トラスティ信託口 1,316(4.9)
ノーザン・トラスト(AVFC)ノントリーティー 987(3.7)
バンク・オブNYノントリーティー(ジャスデック) 858(3.2)
みずほ銀行 810(3.0)
日本トラスティ信託口(三井住友信) 797(3.0)
明治安田生命保険 777(2.9)
日本トラスティ信託口(福岡銀) 637(2.4)
サジャップ 502(1.8)
BNPパリバ証券 383(1.4)
〈外国〉34.8% 〈浮動株〉10.3%
〈投信〉 8.6% 〈特定株〉31.8%
【役員】(会・社)津田純嗣 (副社)宇佐見昇 (取)小笠原浩 村上周二 南善勝 ⇨巻末
【連結】米国安川, 欧州安川, 安川電機(中国)

【業績】(百万円)	売上高	営業利益	経常利益	純利益	1株益(円)	1株配(円)
連11. 3	296,847	12,874	13,429	6,544	26.0	6
連12. 3	307,111	14,818	15,626	8,432	33.5	10
連13. 3	310,383	13,070	14,053	6,800	27.0	10
連14. 3	363,570	25,702	27,084	16,964	67.4	12
連15. 3	400,153	31,532	33,884	24,819	98.5	20記
連16. 3予	420,000	36,500	37,000	24,000	90.1	20
連17. 3予	450,000	39,000	40,000	26,000	97.6	20~24
中15. 9	207,947	18,979	18,999	12,030	45.9	10
中16. 9予	212,000	20,000	20,000	13,000	48.8	10
会16. 3予	420,000	36,500	37,000	24,000	(15.10.20発表)	

【配当】	配当金(円)
14. 3	6
14. 9	8
15. 3	12
15. 9	10
16. 3予	10
16. 9予	10
17. 3予	10~14

予想配当利回り 1.23%
1株純資産(円)〈連15. 9〉 683.8 (658.6)

【本社】806-0004北九州市八幡西区黒崎城石2-1 ☎093-645-8801
【支社】東京☎03-5402-4502
【支店】大阪☎06-6346-4500, 名古屋, 九州
【工場】八幡西, 八幡東, 行橋, 入間, 中間
【従業員】〈15.9〉連11,528名 単2,753名(41.2歳)年778万円
【証券】上東京, 福岡 幹野村, みずほ 名みずほ信 監新日本
【銀行】みずほ, 三菱U, 福岡, 北九州, 三井住友
【仕入先】サンワテクノス, ナブテスコ
【販売先】サンワテクノス, 芳賀電機

（出所）『会社四季報』2016年1集新春号

しばらく続けていくと、必ず「なんだ、これ！」「エッ！」という銘柄にぶつかる。意外だがけっこう多く見つかるものだ。これが、自分だけのお宝銘柄の発掘につながる。

いくつか例をあげて見てみよう。

コメントに注目したパターンとしては、2016年1集新春号の安川電機（6506）があげられる。安川電機は1915（大正4）年設立、1949（昭和24）年上場という歴史の長い会社であるのに、コメントに

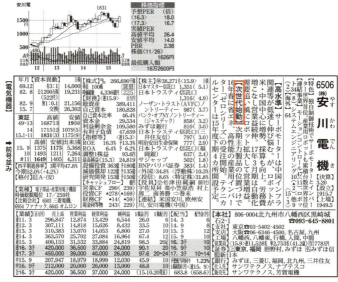

図表1-2　サンリオ

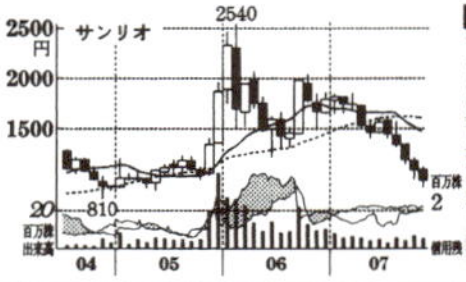

株価指標	
予想PER	(倍)
〈08.3〉	34.4
〈09.3〉	26.8
実績PER	
高値平均	48.6
安値平均	28.5
PBR	3.6
株価(11/27)	984円
最低購入額	9万8400円

8136
(株)サンリオ
【決算】3月
【設立】1960.8
【上場】1982.4

【特色】キャラクター商品企画・販売。テーマパーク活用したキャラクター育成に強み。海外展開加速
【連結事業】ソーシャル・コミュニケーション・ギフト91(8)、テーマパーク7(▲6)、他2(2)〈07・3〉【海外】18

【海外好調】海外が欧州、アジア中心に想定以上に好伸。国内物販・ライセンス、テーマパークの不振を補う勢い。営業増益。役員退職金引き当て、税効果で最終減益。09年3月期も国内伸び悩むが海外2ケタ増持続。
【ライセンス】欧州はH&M等アパレル向けが牽引。中国はテーマパークショー(3年間600回)効果も期待。インド初出店。優先株100億円は10年度までに償還方針。

年月【資本異動】		万株
00.12	消却	7,774
03.8	減資	7,774
05.3	減資	7,774
05.3	三者52万株(956円)	7,826
	優195万株	(1万円)

東証	高値	安値
82~04	9040(90)	442(03)
05	1955(12)	885(5)
06	2540(2)	1213(6)
07.1~11	1859(3)	915(11)

	高値	安値	出来万株
07.7	1589	1400	326
8	1573	1316	584
9	1350	1152	418
10	1215	996	692
#11	1121	915	529

【格付】―

【みなし取得価格】
787円〈市場〉東証

【株式】10/31 88,148千株
単位 100株 貸借 優待
時価総額 867億円
【財務】〈連中07.9〉百万円
総資産 92,268
株主持分 34,390
株主持分比率 37.3%
資本金 14,999
利益剰余金 11,642
有利子負債 33,652
【指標等】〈連07.3〉
ROE 11.5% 予7.3%
ROA 4.3% 予2.7%
調整1株益 42.3円
最高純益(00.3) 20,423
設備投資 1,773 予1,800
減価償却 1,366 予1,400
研究開発 210 予 200
【キャッシュフロー】百万円
営業CF 5,658(7,609)
投資CF ▲349(▲3,260)
財務CF ▲4,795(▲4,633)
現金同等物15,534(14,906)

【株主】単44,323名〈07.9〉万株
セガサミーHLD 1,232(13.9)
光南商事 984(11.1)
清川商事 687(7.8)
三菱東京UFJ銀行 386(4.3)
三井住友銀行 383(4.3)
日本マスター信託口 283(3.2)
日本生命保険 208(2.3)
辻信太郎 192(2.1)
みずほコーポ銀行 185(2.1)
辻邦彦 168(1.9)
〈外国〉3.5%〈浮動株〉17.3%
〈投信〉3.2%〈特定株〉54.8%
【役員】(社)辻信太郎 (副社)辻邦彦 (常)江森進 佐藤誠 (取)下山博造 山田安久 福嶋一芳 中谷隆英 平塚左千雄 宮内三郎 崎山裕子 佐々木章人 (常監)千葉祝男 (監)大森昭次 石川道夫 竹内康雄
【連結】サンリオインク(米国)，サンリオピューロランド

【業績】(百万円)	売上	営業利益	経常利益	利益	1株益(円)	1株配(円)
連03.3	109,566	2,075	▲953	▲19,378	▲252.5	0
連04.3	103,989	4,325	2,486	5,357	69.8	10
連05.3	101,101	6,155	4,490	▲15,840	▲206.6	0
連06.3	98,899	7,309	6,444	7,621	89.3	10
連07.3	96,671	6,222	5,575	4,150	42.6	10
連08.3予	97,000	7,000	6,100	2,500	28.6	10
連09.3予	98,500	7,500	6,500	3,200	36.7	10
中07.9	44,317	2,787	2,367	722	5.5	0
中08.9予	45,000	2,800	2,400	1,300	14.9	0
単08.3予	76,400	4,900	5,800	2,200	25.2	

【配当】	配当金(円)
03.3	0
04.3	10
05.3	0
06.3	10
07.3	10
08.3予	10
09.3予	10
予想配当利回り	1.02%
1株純資産(円)〈連中07.9〉	276.6(294.6)

【本社】141-8603東京都品川区大崎1-6-1
☎03-3779-8111
【事業所】関西☎06-6308-8911，九州☎092-472-7531，北海道☎011-222-2077
【従業員】〈07.9〉連1,378名 単762名(40.1歳)年622万円
【証券】上東京 幹三菱U，みずほイ 名三菱U信 監新日本
【銀行】三菱U，三井住友，みずほC，山梨中
【URL】http://www.sanrio.co.jp/

（出所）『会社四季報』2008年1集新春号

【次世代始動】という見出しがついていたことに大きな変化を感じた。

実際、その後、株価は大きく上昇に転じ、2016年2月の安値1114円から、2018年1月の高値6120円までおよそ**5倍になった**。

過去を振り返ってみても、2008年1集新春号でサンリオ（8136）のコメント「【ライセンス】欧州はH&M等アパレル向けが牽引」に注目したことがあった。当時のサンリオは、「キティちゃん」のグッズ販売を中心とした売り切りモデルだ

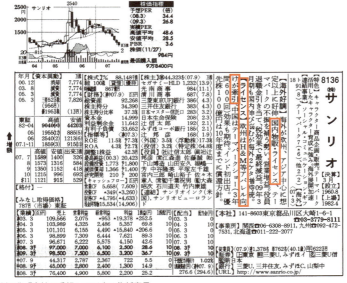

図表1-3　三菱ガス化学の四季報掲載のチャート

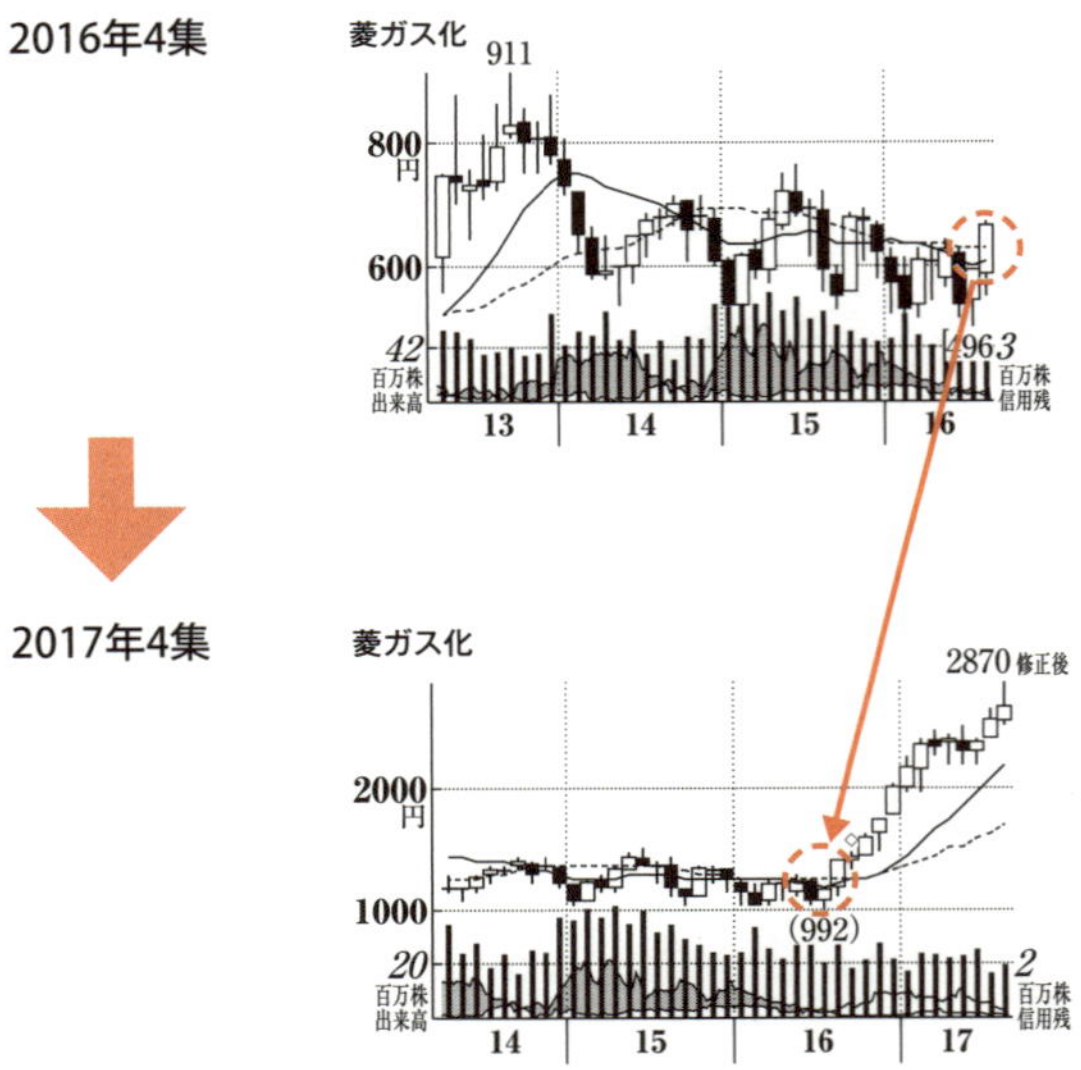

（出所）『会社四季報』2016年４集秋号、2017年４集秋号

ったが、このコメントあたりから、海外ライセンス事業で安定的な収入を得るストックビジネスに軸足を移した。残念ながら株価はむしろ下げ続け、2年強にわたり底値近辺でもみあった。しかし、業績の拡大にともなって株価は上昇に転じ、2010年2月の安値695円から2013年9月の高値6270円まで**9倍になったのだ**。

「チャートの転換」の気づきに着目した例では、2016年4集秋号の三菱ガス化学（4182）があげられる。しばらく横ばいだったチャートに突然、移動平均線を突き抜ける大きな陽線（白い線）が立った。その後、株価は上昇を続け、**1年後には4倍ほどになった。**

このように「気づき」の後、すぐに株価が動くケースもあれば、「気づき」があっても動き出すのに2、3年かかるケースもある。大きな車輪は最初のひと転《ころ》がりに時間とエネルギーを要するが、一度動き出したら加速するのと同じイメージだ。そのため、気になったコメントや銘柄に何か「気づき」を感じたら、その後も継続してその銘柄に注目するのが大事になる。

最初の「気づき」が一時的なものなのか、トレンドとして続くのかは継続的、定期的に確認するしかない。気になる銘柄はノートでもエクセルでもいい、とにかく記録に残して継続的に見るのである。私自身は毎号、気になった銘柄とコメントをエクセルに残しておき、その後の結果も検証している。こうした地味な作業の繰り返しが、日本株の魅力やおもしろさを知るきっかけになる。

『ピーター・リンチの株で勝つ』でも、「普通の人がその頭を三%も働かせれば、平均的なウォール街のプロと同等あるいはそれ以上にうまく投資できることがわかってきたのである」と書かれている。**10倍株はちょっとした「気づき」から見つかるのだ。**

2

1964年東京オリンピックで10倍株になった意外な銘柄からわかること

オリンピック関連銘柄の「ド本命」は建設株？

「オ・モ・テ・ナ・シ……」。２０２０年東京オリンピック開催が決定した瞬間を、私はテレビで見ていた。その瞬間は非常にうれしかったし、興奮もした。

当然のことながら翌日は株式市場もご祝儀相場となり、さまざまな証券会社や調査機関、メディアが「オリンピック関連銘柄」をはやし立てた。そこで上がったのは建設会社を中心としたインフラ関連、スポーツ関連、ホテルや百貨店などの観光・消費関連だった。

例えば２０２０年オリンピック関連銘柄として大成建設（１８０１）を「ド本命」としてあげる人が多いが、**「オリンピック開催決定⇓競技場・関連施設の建設＝建設株」とい**

う単純な図式だけではダメだ。「建設会社に仕事がまわれば現場で必要になるものは何か」「現場労働者が潤うと何に消費するか」など、想像力を豊かにして幅広く考えることがお宝銘柄にたどり着く近道なのだ。

これを証明するため、1964（昭和39）年の前回東京オリンピックでは、どのような銘柄が具体的に活躍したのか、検証してみよう。

実は50年以上も前の話になると、個別銘柄のデータや情報はまったくといってよいほどない。個別企業の株価データともなると、日本トップクラスの調査機関でも、月次ベースで1971（昭和46）年までさかのぼるのが精いっぱいだ。50年の企業の動向や株価など、お気軽に調べられるものではない。

しかし、その不可能を可能にするものがある。それは、私が大枚（50万円以上もする！）をはたいて購入した『会社四季報全75年DVD』である。これはとんでもない優れもので、1936（昭和11）年6月の四季報創刊号から現在に至るまで、全上場銘柄の四季報記事を見られるのだ。

さっそく当時の状況を検証するべく、東京オリンピックの開催決定日からオリンピック開催日までの株式相場がどうだったか、調べてみた。ちなみに前回の東京オリンピックは、開催が決まったのが1959（昭和34）年5月26日、開幕はその5年5カ月後の1964

（昭和39）年10月10日だ。

すると非常に興味深い事実が判明した。およそオリンピックとは関係なさそうな銘柄が大活躍しているのだ。しかも幅広い業種にわたって存在し、今は誰もが知っている銘柄になっている。オリンピック関連株の代表セクターである建設株は、たしかに当時も株価は大きく上昇しているのだが、それをさらに上回る銘柄がいくつもあったのだ。

1964（昭和34）年の前回東京オリンピックでも、大成建設（1801）は「ド本命」であった。当時の大成建設は、なんといってもオリンピックのメイン会場である国立競技場建設に携わったことで有名であり、それ自体が〝オリンピック代表銘柄〟であることを象徴した。

それ以外に、五輪開催に間に合わせて完成させたホテルニューオータニや東海道新幹線、東京モノレールや首都高速道路の建設にもかかわっている。

オリンピック開催が決定した1959（昭和34）年前後からしばらくの間、当然ながら四季報コメントにも業績好調ぶりを示す言葉が並んだ。「前途不安なし」「業績は安泰」「前途好望」「大繁忙」「土建ブームの波に乗る」など一点の曇りもない。しかし1961年3集夏号のコメントに「前期の決算は業界のトップに立った」と書かれたときが日経平均の

図表1-4　オリンピック開催決定から開催までの日経平均の推移

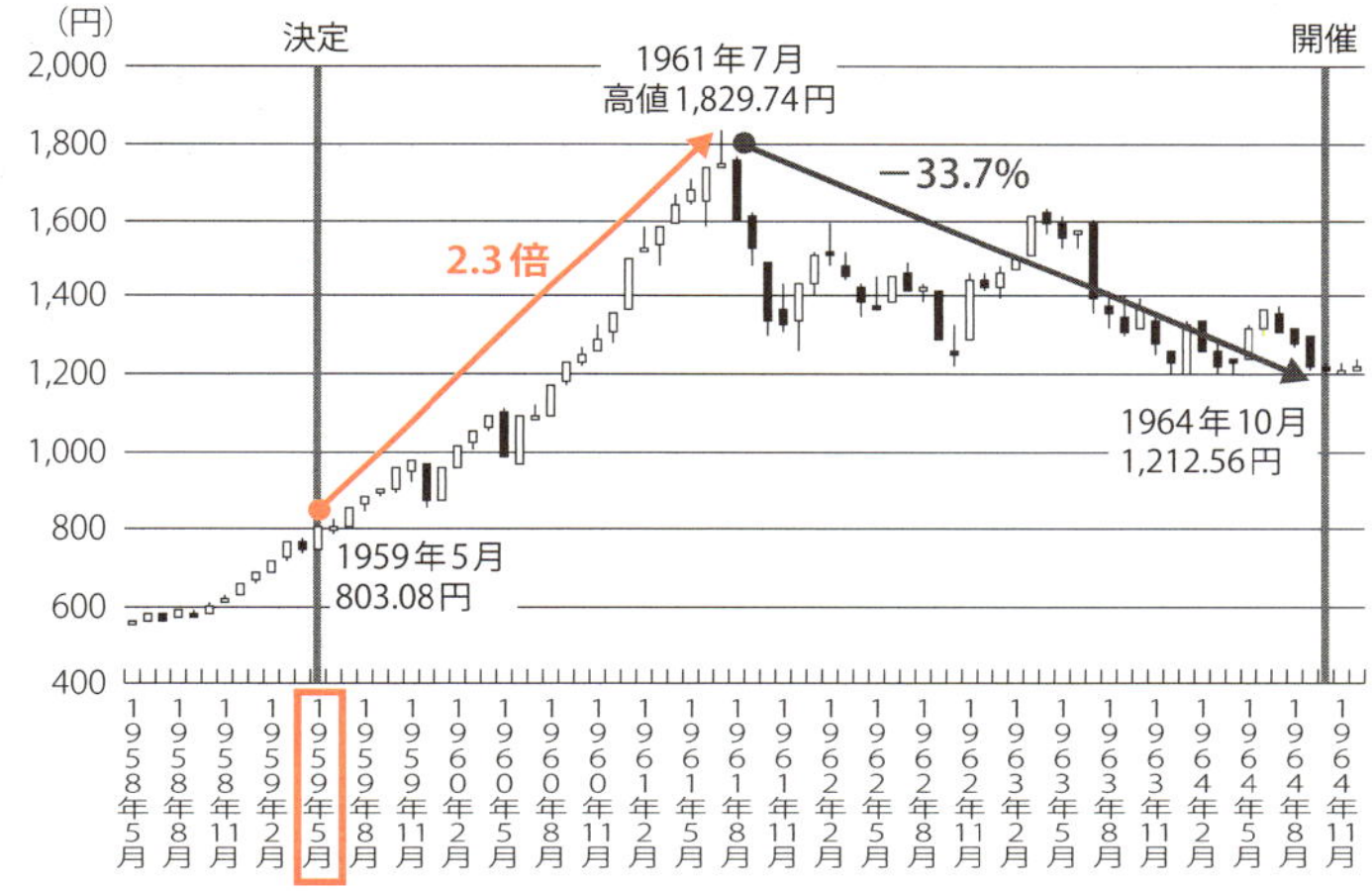

（注）開催決定後に日経平均株価は2.3倍に上昇するが、1961年7月をピークに反落した
（出所）複眼経済塾

高値ピークとなり、大成建設の株価も調整に入っていった。

ちなみに、日経平均はオリンピック開催決定から約2年後の1961（昭和36）年7月に2・3倍に上昇した（その後はオリンピック開催まで下落トレンドとなる）。これに対して大成建設の株価は高値まで4倍強上昇した。

開催決定後に日経平均株価は2・3倍に上昇するが、1961年7月をピークに反落した。

しかし、大成建設の株価上昇率をさらに上回った銘柄は、ほかにもたくさんある。「オリンピック関連で建設株」と単純に考えるのではなく、**「風が吹けば桶屋が儲かる」的発想で、連想ゲームのようにアイデアをつなげていくと、こうしたお宝の銘柄に行き着くのだ。**

10倍、18倍になった銘柄とは

では前回開催時、オリンピックにまったく関係なさそうなのに、大きく株価を上げた銘柄は何か。

例えば国会議事堂に赤じゅうたんを納入する繊維企業、住江織物《すみのえ》（3501）。そしてもう1社が、当時の四季報の会社「特色」欄に「創業明治42年の古い繊維機械メーカー」と書かれていた津田駒工業（6217）だ。株価上昇率を比べれば、住江織物は10倍、津田駒工業は18倍と突出して高い。

ここで前回オリンピックの開催が決定した1959（昭和34）年5月を100として、日経平均、大成建設、住江織物、津田駒工業を比較したチャートをご覧いただきたい。株価データは月中の高値と安値の中間値「中値」を使用している。

こうして並べると、2倍強になった日経平均だけでなく、4倍強になった大成建設ですら横ばい程度にしか見えない。住江織物や津田駒工業の株価がなぜここまで上昇したのか、

図表1-5　大成建設、住江織物、津田駒工業の比較チャート（1959年～1964年）

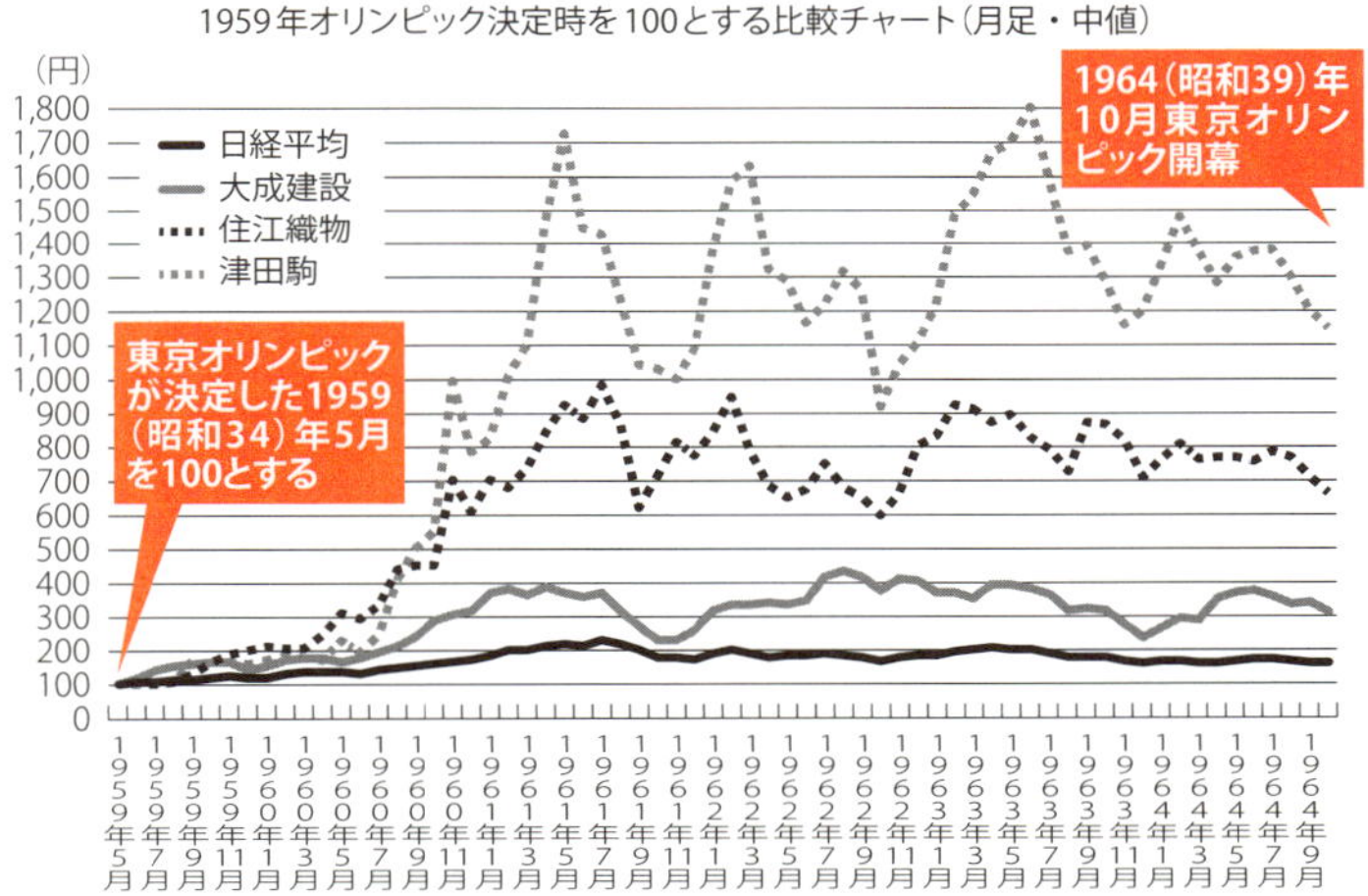

（出所）『会社四季報 全75年DVD』を参考に複眼経済塾作成

私は大きな興味をもった。

四季報1961年4集秋号の住江織物を見てみよう。

当時の（特色）を見ると「パイル織物業界の首位会社」とある。パイル織物とはタオル生地のようなもの。

ここで一番大事なキーワードは、四季報の【業況】に記されている「生活の洋式化」と「自動車ブーム」である。これがまさに当時の「世の中の大きな変化」だったのだ。

社会変化の恩恵をフルに享受

昭和30年代は、経済白書が「もはや戦後ではない」と宣言し、世界から「東洋の奇跡」といわれた「高度

図表1-6　住江織物

住江織物

【設立】昭和五年一二月
【決算期】五月末　一一月末

【特色】パイル織物業界の首位会社、事業素質よく成長力大
【本社】大阪市住吉区墨江中二ノ一八（電大阪67）三〇三一―一三
【大阪事務所】大阪市南区安堂寺橋四ノ五五（電大阪25）八一―八八
【東京支店】港区芝田村町四　電東京(431)四二一六
【工場】住吉、河内、都、網野（上場）大阪、東京
【事業】カーペット、モケット、紡毛糸、別珍その他織物
【主要取引銀行】富士、勧銀、住友信託、三和、住友、足利、大和

【業況】生活の洋式化、自動車ブームで、カーペット、モケット、ドレープ部門が急速に伸びている。一一月期は需要期でもあり、売り上げは三二億円前後の予想。一割二分配当に余裕がある。
【増資】室内装飾関係は成長性が大きく、目下設備を拡張中。このため六割増資を発表した。早ければ明年下期に再増資期待。株式は持続。

【授権資本株数】1? 200万株
【既発行株数】（50）7,200〃
【資本金】360
【再評価積立金】157
【既組入率】21.2

【株主】36.5　1,266名
東洋信託　535万株
大和銀行　533〃
南海毛糸　480〃
高島屋　452〃
丸紅飯田　405〃
住友信託　351〃

【重役】社長　飯田紀造　専務　秋山良三　常務　前田五三　天野芳文　取締　村田秀之助　柳原重雄　石田功　鈴木虎雄　植田俊一　西川幸太郎　監査　飯田東一　村田正太良

【従業員数】36.5　1,700名

増資年月	株主割当	資本金百万円
24. 5	1:1	100
27.10	1:0.5	150
34. 6	1:0.6 無10円	240
35. 6	1:0.5 無10円	360
36.11	1:0.6 無10円	576
	持株増加率	5.8倍

株価	最高	最低
34	105(1)	85(3)
	ロ150(12)	61(7)
35	145(1)	123(3)
	ロ295(12)	106(3)
36. 3	360	290
4	420	325
5	434	379
6	460	320
7	450	415
8	410	356
	ロ 250	240

【業績】	売上高	利益	同率	配当
33.5	1,241	19	26	10
33.11	1,617	26	35	10
34.5	1,711	31	41	10
34.11	2,017	49	41	12
35.5	2,142	52	43	12
35.11	2,305	61	34	12
36.5	2,743	65	36	12

（出所）『会社四季報』1961年4集秋号

経済成長期」の全盛期にあたる。このころから市民生活は洋式化し、食生活ではパンやケーキなどの洋食が当たり前に食べられるようになった。当然、住まいも畳敷きの和室中心の生活から洋式になり、食事はフローリングのダイニングキッチンで、一家だんらんはカーペット敷きのリビングでという生活に変化していった。つまり、膨大な「畳」市場が、「フローリング」や「カーペット」に置き替わっていく時期だったのだ。

この流れに拍車をかけたのが、1955（昭和30）年に設立された日本住宅公団（公団住宅と呼ばれていた。現在の都市再生機構で、「UR賃貸住宅」

を提供）だ。住宅公団は、戦災による住宅不足や都心に流入する勤労者急増に対処するために設立された。人々の憧れは公団住宅の代名詞だった「2DK」での暮らしで、テレビ・洗濯機・冷蔵庫の「3種の神器」が急速に普及。その生活スタイルは「団地族」と呼ばれて、一種の社会現象にもなった。1962（昭和37）年当時のニュースを見ると、首都圏公団住宅の入居希望者の競争倍率が50倍を超えたと伝えており、いかにこの生活スタイルが人気だったかがわかる。

こうして急拡大する「カーペット市場」の恩恵をフルに享受したのが住江織物だったのだろう。ちなみにフローリング材大手の大建工業（7905）も大成建設を上回り、株価は5倍以上になっている。

もう1つのキーワードは「自動車ブーム」だが、この四季報が書かれた1961（昭和36）年の自動車の世帯普及率は2・8％（内閣府データより）にすぎない。東京オリンピックが開催された3年後には普及率は6％へと倍増したが、たった6％でしかなく、自動車はまさに黎明期《れいめい》にあった。

一見、住江織物と自動車との間には関係がないように感じる。しかし同社はもともと、「1896（明治29）年に鉄道車両のいす張地として使われるモケットの製造に日本で初めて成功」（会社ホームページより）した、鉄道車両内装を手がける会社なのだ。

自動車にもシート、内張り、フロアマットなど繊維製品がふんだんに使われており、「自動車内装」という切り口で考えれば、ここでも「ど真ん中銘柄」であった。さらには東京オリンピックに向けて完成を急いだ東海道新幹線のシートにも採用され、ホテル建設ラッシュでもカーペット需要拡大の恩恵を受けている。

つまり、国鉄（現ＪＲ）向けのいす張地など鉄道車両内装を手がけていた会社に、「生活の洋式化」のカーペット需要、「自動車ブーム」の自動車内装需要、そして「オリンピック」の新幹線シートやホテルのカーペット需要が発現。その恩恵をフルに受けて、株価は暴騰したというわけだ。なお現在の四季報の【特色】欄には「カーペットや自動車用内装などが主力」と書かれている。

一方の津田駒《つだこま》工業（６２１７）は、当時の四季報の【業況】コメントで、しばらくの間、「主力の合織用織機が好調」となっている。

「合成繊維（合織）」は、主に石油を原料とする化学繊維のことで、１９３９（昭和14）年、米国デュポン社が生産したナイロンで幕を開けた。１９５０（昭和25）年にはアクリル、１９５３（昭和28）年にはポリエステルが工業生産され、世界に広く浸透していったのだった。

図表1-7　津田駒工業

津田駒工業　【設立】昭和一四年一二月　【決算期】五月末　一一月末

(特色) 創業明治四二年の古い繊維機械メーカー
(本社・工場) 金沢市増泉町イ一五五(電金沢(4)一一一)
(出張所) 東京都港区芝虎ノ門一五(電東京(43)九三六八)大阪市東区北浜四ノ八(電大阪(202)五七三一)
(事業) 繊維機械、工作機械部品、鋳造品
(主要取引銀行) 北国、福井、三和、興銀
(上場) 大阪2、東京2

【好調】主力の合織用織機が好調で、今期は売り上げ一四億五〇〇〇万円、利益一億五〇〇〇万円と続伸の見込み。むろん一割二分配当は持続。工作機械、産業機械(小松製作のブルドーザー部品)への進出によって、今後は一段向上の見通しだ。このため当面約六億五〇〇〇万円の設備投資を行なうが、資金調達のため明春までに半額増資。

【授権資本株数】20,000千株
【既発行株数】(50) 5,000〃
【資本金】250
【再評価積立金】108
【既組入率】35.2

【株主】36.5　1,755名
明治生命　325千株
津田駒次郎　821〃
山一証券(大阪)　817〃
大和証券(東京)　812〃
越馬徳治　804〃
住友海上　156〃
東京海上　156〃

【重役】社長　越馬徳治　専務　津田駒次郎　常務　鈴木稔　吉田圭蔵　取締　佐藤健治　山田与吉　越馬平治　酒井正二　木津群平　監査　久保田可全

【従業員数】36.5　950名

増資年月	株主割当	資本金百万円
24. 7	1:1.5	30
28. 5	1:1.5 無25円	80
34.10	1:0.5 無15円	120
35.12	1:1 無10円	250
	持株増加率	7.5倍

株価	最高	最低
34	93(8)	48(1)
	ロ 90(8)	59(8)
35	280(8)	73(1)
	298(11)	153(12)
36. 3	284	245
4	430	276
5	449	382
6	390	304
7	372	315
8	330	263

【業績】	売上高	利益	同率	配当
33.11	370	11	28	10
34.5	487	39	91	15
34.11	785	70	150	15
35.5	959	106	177	12
35.11	1,125	135	108	12
36.5	1,140	126	101	12

(出所)『会社四季報』1961年4集秋号

日本でも合織は戦後、急速に広まり、カーペットも、鉄道用・自動車用内装もほとんどが合織でつくられた。つまりカーペットや自動車用内装市場が急拡大したのを背景に合織需要が拡大し、さらに合織生地をつくるための織機が必要となったため、津田駒に恩恵がまわってきたと考えられる。

オリンピック開催に向けて競技場やホテル、新幹線、道路などが建設ラッシュとなる中、直接的に恩恵を受ける建設株に注目するという発想は間違っていない。しかし、それ以上に人々の意識や気持ちがどう変わったか、そして行動はどう変化したかを知ることのほうがもっと重要だ。

その「大きな変化」の恩恵を受ける企業こそが、前回のオリンピック開催時はテーマ株の大本命となった。住江織物の株価が10倍以上になった理由も、「世の中の大きな変化」だったことは明らかだ。

日に日に近づいてくる2020年東京オリンピック。半世紀に一度あるかないかの大イベントに向かって10倍、100倍になる大出世株がいくつも誕生するだろう。

そのお宝銘柄を探すには、**「過去の出来事を知る=歴史を知る」**と**「風が吹けば桶屋が儲かる的発想」の2つがポイント**であることを前回の東京オリンピックは教えてくれている。

3 「株価が何倍になるか？」を考えるとき、重要なのは時価総額

時価総額に注目する理由「その会社の市場評価だから」

10倍株になる銘柄を探すときには、【株式】欄にある時価総額にも注目してほしい。

まずは「時価総額」が何を意味するか。「時価総額＝その会社の市場評価」と考えるのが普通だが、もっと生々しく考えるなら、時価総額分のお金で、その会社を丸ごと買い取れる、という意味でもある。

時価総額は、「株価×発行済株式数」で求める。増資などで発行株式数に変更がないかぎり、時価総額が2倍になれば株価は2倍になるし、株価が2倍になれば時価総額も2倍になる。

順位	コード	社名	決算期	株式時価総額		営業利益		株価情報		
				10年前比増加倍率（倍）	10年前時価総額（百万円）	10年前比増加倍率（倍）	10年前営業益（百万円）	予想PER（倍）	PBR（倍）	最低購入金額（万円）
27	9627	アインHLD	連17.4	12.2	20,469	3.3	4,440	28.1	3.70	70.7
28	2772	ゲンキー	連17.6	12.1	5,182	3.3	1,170	18.6	3.62	40.6
〃	3246	コーセー RE	連17.1	12.1	1,064	3.8	289	12.4	2.81	12.5
30	8876	リログループ	連17.3	12.0	37,882	3.3	4,060	42.4	10.62	29.7
31	2154	トラストテック	連17.6	11.9	6,253	4.6	697	27.7	11.16	38.5
〃	8920	東祥	連17.3	11.9	11,100	3.2	1,890	32.9	5.49	34.4
33	2362	夢真HLD	連17.9	11.6	6,115	4.8	489	28.3	5.90	9.5
〃	6420	福島工業	連17.3	11.6	9,962	5.7	1,460	18.7	2.33	52.3
35	1719	安藤ハザマ	連17.3	11.5	14,100	8.3	4,440	6.9	1.45	8.8
36	2127	日本M&A	連17.3	11.1	41,117	6.2	1,460	62.4	22.14	55.5
37	3765	ガンホー	連16.12	11.0	24,922	—	▲317	8.5	3.74	2.9
〃	7821	前田工繊	連17.9	11.0	5,823	5.7	716	19.7	2.41	19.9
39	2485	ティア	連17.9	10.9	1,822	2.5	485	23.7	3.20	9.9
〃	4318	クイック	連17.3	10.9	3,187	5.5	366	20.9	5.01	18.3
41	7605	フジ・コーポ	単16.10	10.8	2,100	4.0	553	15.8	1.85	21.7
42	3397	トリドールHD	◇17.3	10.5	14,672	—	1,440	24.9	4.28	35.6
43	3038	神戸物産	連16.10	10.4	15,664	7.7	1,530	13.2	5.80	47.7
〃	7747	朝日インテック	連17.6	10.4	45,893	10.2	1,050	48.2	10.28	73.9
45	2413	エムスリー	◇17.3	10.2	119,087	—	3,590	63.6	16.83	37.4
〃	9928	ミロク情報	連17.3	10.2	9,861	4.9	833	29.7	5.96	29.0
47	7412	アトム	連17.3	10.1	15,805	1.8	1,120	298.3	13.61	8.7
48	3778	さくらインタ	連17.3	10.0	3,130	12.0	85	52.9	4.10	8.4
49	6284	日精ASB機械	連17.9	9.9	9,976	2.4	2,540	20.1	3.79	64.2
50	4751	サイバー A	連17.9	9.8	51,960	6.6	4,620	101.3	6.41	40.2

（注）決算期の連は連結、単は単独、◎はSEC、◇はIFRS
（出所）『会社四季報』2018年1集新春号

図表1-8　時価総額の「10年前比較ランキング」

順位	コード	社名	決算期	株式時価総額		営業利益		株価情報		
				10年前比増加倍率（倍）	10年前時価総額（百万円）	10年前比増加倍率（倍）	10年前営業益（百万円）	予想PER（倍）	PBR（倍）	最低購入金額（万円）
1	2928	RIZAPG	◇17.3	238.8	2,697	―	▲38	80.5	29.25	25.3
2	3064	Monota	連16.12	44.0	9,016	19.8	480	46.8	19.09	31.7
3	2782	セリア	単17.3	40.9	11,982	6.6	2,290	41.9	9.15	64.6
4	2427	アウトソシング	連16.12	39.5	4,970	3.7	1,010	32.1	7.50	19.3
5	3751	日本アジアG	連17.3	30.8	409	―	▲421	10.2	0.45	4.6
6	7575	日本ライフライ	連17.3	27.3	8,250	25.2	305	24.7	8.05	49.8
7	3769	GMOペイ	連17.9	26.8	11,695	6.5	776	72.9	15.23	84.4
8	3085	アークランドS	連16.12	26.3	3,367	4.2	789	37.3	5.48	26.8
9	2222	寿スピリッツ	連17.3	26.2	6,219	5.0	773	49.3	12.14	52.3
10	2157	コシダカHLD	連17.8	25.9	3,480	8.9	691	22.1	4.12	43.9
11	2124	JACリクルト	連16.12	24.3	3,827	6.0	794	24.6	8.12	22.5
12	2379	ディップ	単17.2	21.7	7,715	12.8	711	20.6	8.79	27.0
13	3046	ジンズ	連17.8	19.6	6,656	24.2	223	34.3	7.43	54.3
14	3073	DDHLD	連17.2	19.2	2,022	5.1	319	38.1	7.81	49.9
15	3385	薬王堂	単17.2	17.8	3,721	3.2	981	26.0	4.26	33.6
16	4345	シーティーエス	単17.3	16.4	2,719	3.0	395	39.9	10.10	10.0
17	6324	ハーモニックD	連17.3	16.0	45,690	1.8	4,410	90.4	10.95	77.0
18	2398	ツクイ連	17.3	15.1	4,421	3.1	1,230	23.7	3.19	9.2
19	7419	ノジマ連	17.3	15.0	8,178	19.1	789	11.2	2.03	24.4
20	1726	ビーアールHD	連17.3	14.8	1,155	―	▲1,970	15.2	3.34	4.3
21	7593	VTHLD	連17.3	13.9	4,698	2.3	3,370	14.4	1.78	5.5
〃	7844	マーベラス	連17.3	13.9	3,848	16.3	352	12.4	3.18	10.0
23	3349	コスモス薬品	連17.5	13.8	35,660	6.3	3,500	26.8	5.03	246.0
24	4975	JCU	連17.3	12.9	6,533	8.0	687	16.9	4.03	59.6
25	7956	ピジョン	連17.1	12.7	40,044	5.0	3,190	38.7	8.96	42.0
26	4552	JCRファーマ	連17.3	12.4	11,947	8.4	281	53.2	5.37	45.9

便利なところでは、2018年1集新春号8〜11ページの特集「10年前比較ランキング」に「時価総額ランキング」（図表1-8）が掲載されていた。この表は2007年10月31日から2017年11月27日までの10年間で、時価総額が大きく膨らんだものを上位からランキングしている。1位のRIZAPグループ（2928）の238・8倍から50位のサイバーエージェント（4751）の9・8倍まで並んでいる。

もしこれらの企業が大規模な増資を実施していなければ、この時価総額の増加倍率は、ほぼそのまま10年間の株価の上昇倍率になるはずだ。50位でも9・8倍ということは、この表は10年で「テンバガー（10倍株）」になった銘柄リストということになる。この表は、ぜひ毎号掲載してもらいたいものだ。

NTTの時価総額はアップルを抜くのか

10倍株を探すときに重要なのは、株価が「何倍になる可能性があるのか？」だ。

例えば、日本電信電話＝NTT（9432）で考えてみたい。もし今後もNTTの株価が順調に上昇し、株価が10倍株になると予想してNTT株を買ったとしよう。それは現在およそ12兆円の時価総額が、いずれ120兆円になると予想しているのと同じことになる。

2017年12月末現在で時価総額世界一は米国アップルで、およそ8700億ドル（1

ドル112円で計算して97兆4400億円）である。つまり、NTT株が10倍株になることは、今後NTTがアップルを抜いて時価総額で世界一になると予想していることにもなるのだ。

私はその可能性がまったくないとはいわないが、今すぐは厳しいと感じる。この時点でNTTの株価は現在のところ10倍株にはならないだろうという判断になる。

みずほFGの株価が5倍になる可能性は？

では、時価総額約5・1兆円のみずほフィナンシャルグループ（8411）の株価が5倍になる可能性はあるかどうかを見てみよう。株価が5倍になると時価総額は25兆円になる計算だが、現在の時価総額日本一はトヨタ自動車（7203）の約24兆円なので、そのトヨタ自動車を抜く可能性があるかという問いと同じことである。

ここでみずほFGの沿革を簡単に説明すると、1999（平成11）年12月に第一勧業銀行、富士銀行、日本興業銀行の3行による全面的統合が決定。2000（平成12）年9月にみずほホールディングスが設立された。

その後、2003（平成15）年1月、さらに信託部門、証券部門、そのほかの部門が統合され、みずほFGが誕生したのだ。

さて、みずほFGの株価が5倍になる可能性があるかどうかだが、あくまで時価総額の観点からは「可能性あり」と答える。その理由は、日経平均が3万8915円の史上最高値をつけた1989（平成元）年12月末の時価総額ランキング上位はすべて銀行が占めていた事実である。そのランキングと時価総額が以下だ。

1位　**日本興業銀行**　15兆円
2位　住友銀行　10・5兆円
3位　**富士銀行**　10兆円
4位　**第一勧業銀行**　9・2兆円
5位　東京三菱銀行　9・2兆円

みずほFGは太字の3行が統合しているので、1989年末で換算すると、みずほFGの銀行部門の時価総額だけでも、「日本興業銀行（15兆円）＋富士銀行（10兆円）＋第一勧業銀行（9・2兆円）＝約34兆円」あったという考え方ができる。

とすると日経平均が3万8915円の高値を抜くとき、つまり日経平均が現在の約1・9倍になる中で、みずほFGは34兆円÷5・1兆円＝約7倍になる可能性があると〝妄想〟することもできる。ただし、この話はあくまで妄想であり、今すぐ約7倍になることは考えにくく非現実的である。逆の考え方では7倍にならないのなら、10倍の「テンバガー」の可能性は低いと判断できる。

時価総額を決めるのは事業のポテンシャル

時価総額の考え方は、証券理論的には、その会社が将来にわたって生み続ける利益を現在価値に割り引いたものとされる。しかし、そのような難しい考え方ではなく、もっと単純にその企業が展開する「事業のポテンシャル」、いいかえれば、**「ベストシナリオの市場規模」が時価総額を決めるという考え方**もある。

ちなみに、金融を除く東証1部全体では**「時価総額÷売上高」**は約1・09倍(2018年2月末)。これは株式市場全体で約10％の成長を織り込んでいると考えられる。

ただし、この考え方は万能ではなく、かなりのバラツキがあるので数字の特徴をよく理解して活用したほうがいい。例えば、卸売りセクターは全体的にこの数字が極めて低い一方、**売上高の伸びである増収率**、さらに**稼ぐ力を示す営業利益率**も高い企業は、総じて「時価総額÷売上高」の数字は高い。具体的に2018年1集新春号でいえば、増収率が10％以上(金融を除く東証1部平均は6・3％)で、営業利益率が10％以上(同7％)の企業の「時価総額÷売上高」は約「4」倍である。

これらの企業は、利益率を保ちながら売り上げを伸ばしていることから、まだその市場は成長途上にあり、将来の「ベストシナリオの市場規模」に向かって、まだまだ売り上げが大きく伸びると評価されている証拠だろう。

成長途上の市場ということでは、ヒト型や介護用などのロボット産業や、iPS細胞などのバイオ産業が典型的な例で、現在の売り上げは小さいが将来の市場は非常に有望である。そのような有望な産業の市場規模は、新聞が報道している数字や、各調査機関が出している市場規模予測を参考にするとよいと思う。

ちなみに四季報2018年1集新春号で、金融を除く東証1部において「時価総額÷売上高」が一番大きい会社はバイオのペプチドリーム(4587)の66倍だ。2位は日本M&Aセンター(2127)で、今期売上高予想が220億に対して、時価総額は4544億円なので約21倍となる。実際に売り上げが伸びて成長しているし、利益率もとても高い。ほかにも、キーエンス(6861)は今期売上高予想5000億円に対して、時価総額8兆3000億円で約17倍になっている。

このように**時価総額と売上高に着目して、有望な株を探す**ことも試してみてほしい。

4 株主優待狙いで取得の銘柄が10倍になった

株主優待を「使う」前提で銘柄探し

株式投資の楽しみとして、「株主優待」を有効活用している人も多いだろう。中には、「株主優待」だけで生活のほぼすべてをまかなっている、元プロ将棋棋士の桐谷広人さんのような「優待名人」もいる。そのノウハウは桐谷さんにお任せするとして、私は四季報を活用し、**「株主優待」の切り口から10倍株につながる銘柄探しをしてみたい**。

株主優待を探すとき、私は**「よく使っている」「身近」な製品やサービスを手がけていて、なおかつ「自分が好き」と思う企業がベスト**だと考えている。なぜならその会社の製品でも、食事券でも、割引券でも、株主優待を使わなければ意味がないからだ。

食事券目当てで着目した「東京會舘」株

例えばこれまで、株主優待の切り口で見つけ、その後、ほぼ10倍株になった銘柄に、東京・丸の内にある結婚式場、宴会場、レストランの名門、東京會舘（9701）がある。

東京會舘については、2002年3集夏号に以下のコメントがあった。

「【個人】前期末、人数ベースで96％が個人株主に。株主優待が貢献か。個人客比率アップに向け株主への働きかけを検討」

このコメントを見たときは、「個人株主を大事にしながら、うまく本業に結びつけようとしているなぁ」と感心はしたが、特にそれ以上の感慨はなく、ちょっと気にとめる程度だった。しかし、その1年9カ月後。2004年2集春号のコメントに私は心を動かされた。

「レストランは株主優待（期末に1万円相当の食事券）を軸に個人顧客開拓」

このときにはじめて、東京會舘の株主優待はレストランでの1万円分の食事券ということを知った。当時の株価は140円程度、単位株1000株で14万円の投資だ。それに対して1万円という金額は約7％の利回り換算である。

ようやくこの会社について真剣に調べる気になり、いろいろ見てみると予想以上に魅力的なことがわかった。

まず1つ目は好財務なのに割安に放置されている点だった。同社は自己資本比率63・4%、1株当たり純資産262円に対して株価は140円前後。PBR（1株当たりの純資産から株価の割安性を判断する指標）が0・5倍程度で放置されていた。その上、東京・丸の内に自社で保有する超一等地に、かなりの含み益があることもわかった。

2つ目は、本業である法人需要が回復している点だった。当時私は証券会社に在籍しており、仕事柄、ほぼ毎日のようにセミナー会場として東京會舘を使っていたが、だんだん予約しにくくなっているのを肌で感じていた。事実、景気は回復局面に入り、セミナーや宴会など法人需要が徐々に戻りつつあった。ビジネス上恵まれた立地にある東京會舘は、その恩恵をフルに享受していたのだ。

その後、東京會舘の株価は本業の回復に加え、東京・丸の内に保有している一等地の価値が評価され、機関投資家の買いもともなって2年間で高値1315円まで約10倍になった。

掘り出し物の優待にチャンスあり

「で、あなた自身は東京會舘の大相場に乗れたのか」と聞かれそうだが、実は私も食事券欲しさに一口乗っていたものの、さて結果はどうなったか。

相場格言に「頭と尻尾《しっぽ》はくれてやれ」というのがある。上昇相場では、最安値から最高値まですべての相場はとれないので、真ん中のおいしいところだけとれば、「ド安値」や「すっ高値」はとれなくてもよい。それを魚にたとえて、おいしい身だけいただけば、頭と尻尾は残してよいとする格言だ。

私はこの銘柄に早めに気づいたため、頭はいただいたのだが、尻尾どころか、肝心のおいしい身も全部くれてやる、という大盤振る舞いをしてしまった（つまり株価上昇の初動で売ってしまった）。スタンスがぶれなければ、株主優待を切り口に10倍株の恩恵を受けられていたはずなのに、実に残念な結果になった。

ちなみに、株主優待の実施企業とその優待内容については、**四季報巻末の特集「株主優待」で簡潔にまとまっている**ので、そこをうまく活用するとよい。優待を実施する企業は年々増えており、またその内容もいろいろ変わっているので、この欄も定期的にパラパラとめくってみることをおすすめする。それこそ「年に1度しかないチャンス」や「掘り出し物の優待」もあるので見逃さないようにしたいものだ。

5 「何十年ぶり」の最高益銘柄に注目

最高益の連続で株価も最高値更新

四季報の【指標等】欄にある「最高純益」には、その企業が今までに出した純利益の「最高額」と、それを記録した「決算期」が記載されている。マラソンならベストタイム、ゴルフやゲームならベストスコアといったところだ。要は「自己ベスト」と、そのベストが出た時期と考えればよい。

スポーツの世界では、自己ベストの更新が続くと、いずれそれ自体が壁となり、しばらくの間記録が伸び悩み低迷する。この時期を「スランプ」や「調整期」「充電期間」などという。しかし、また調子が戻ってくると、過去の自己ベストを更新し、その後再び「自己ベスト」を連発することがよくある。このような時期は、「バイオリズム」（最近あまり使わない言葉だが……）が高まっていると思われる。

企業もまったく同じで、**過去最高純益を更新するとしばらくは最高益が続き、「バイオリズム」にあたる株価も最高値を更新する**ことがよく見られる。「最高純益」を出した決算期と株価が「高値」をつけた時期を四季報で確認すると、**過去最高益を出した時期をはさんで前後1年に株価も高値をつけるケースが非常に多い**。つまり今期に過去最高純益を更新する（予定の）企業は、当然ながら、株価も過去最高値を更新する可能性が高い。

しかも、業績面でしばらく自己ベストを連発すれば、合わせて株価も高値更新を連発する可能性がある。実際、今期に最高純益を更新する企業の多くが、足元で株価の過去最高値を更新している。

最高益更新の3つのタイプ

最高益更新の仕方には大きく分けて3つのタイプがある。

①安定的かつ着実に利益を積み上げ、長年にわたり毎年、最高益を連続更新するタイプ
②5～10年の景気サイクルの循環に合わせ、前回ピーク利益を更新するタイプ（※前回

ピークの多くは2007年度だったが、現在は最高益更新中のものが多い）

③長い期間、最高益とは無縁だったが、さまざまな要因により何十年ぶりかに最高益を更新するタイプ

1つ目の「最高益を連続更新するタイプ」は、業績が安定しているため長期トレンドでは安定的に右肩上がりを続ける。反面、そのつど業績が株価に織り込まれて「織り込み済み」となってしまうため、短期間に派手に上昇することはあまりない。また、いったん株価が下落し調整局面に入ると値戻しに多少時間がかかる傾向にある。

2つ目の「前回ピーク利益を更新するタイプ」の戦法は、株式市場全体の地合いが非常に強い場合は、流れに乗って新高値を追っていくほうがパフォーマンスはよさそうだ。こういう場合は、いわゆる「青天井《あおてんじょう》」といわれる相場で、天高くどこまでも上昇していくように、限界なくいくところまでいってしまう可能性がある。ただし業績に陰りが見えれば、株価は高値圏にあると判断され、一気に急落するリスクがあるので注意したい。

一方で出遅れている銘柄、つまり今期に最高益更新が予想されているにもかかわらず、株価が最高値を更新していない銘柄は、業績面で特に問題がなければ、株価は少なくとも前回最高値までの上昇余地を残していることになる。

何十年ぶりかの最高益更新に注目！

3つ目の「何十年ぶりかに最高益を更新するタイプ」の銘柄は、ここ直近はめったに見られなくなった。それゆえ私が最も注目しているパターンだ。

このタイプは構造的に大きな変化が起きていると考えるのが妥当だ。**何十年ぶりかの最高益ということは、何十年ぶりかに会社が生まれ変わったということ**でもある。しかし何十年ぶりかの変化だからこそ、過去の最高益すら忘れられ、逆に気づかれないケースも多い。四季報でもコメントすらされないことがある。だからこそ株価も安値で放置されることが多いのだが、徐々に最高益更新の事実が知られ始めると株価は暴騰する。

過去のケースだが具体例をあげてみよう。まずは田淵電機（6624）のケースだ。同社は太陽光発電システムに必須の「パワコン」を手がけていた。

田淵電機の場合、2013年3集夏号（2013年6月発売）に業績数字の入れ替えがあった。ちなみに業績の入れ替えとは、決算が発表された後、今期予想が実績値に、来期予想が今期予想に変わり、新年度の業績について新しい予想が発表される。四季報は2期分の予想を掲載しているから、2年分の予想が新たに掲載される。当時の今期純利益が会社予想、四季報予想とも15億円となり、1985年3月期の最高益14・9億円を29年ぶりに更新する予想となった。

しかし残念ながら、四季報コメント欄にはその点についての指摘は一切なかった。株価は2013年四季報3集夏号が発売された2013年6月末の519円から1年3カ月後の2014年9月、1985年の最高値1360円を一気に抜き去り、上場来高値1850円まで3・6倍になった。2011年3月の安値69円からは3年半でなんと27倍(!)だ。

2011年3月といえば東日本大震災が発生し、福島原発事故が起きたときである。東日本大震災から3日後に発売された四季報2011年2集春号の田淵電機のコメントを見ると、「好採算の太陽光発電用パワコンも伸びて大幅増益に」とある。

当時は事故で原発が停止し、頼りの火力発電も能力不足で計画停電による不便な生活を強いられた。節電ムード一色で、ネオン街が死んだ街のようになったのを多くの人が経験している。また、その後の「電気事業法改正」で、60年ぶりに電力システムの改革が進むことも、みんな新聞やニュースで聞いていた。つまり、誰もが電力に大きな構造変化が起きていることは肌で感じたし、太陽光発電など再生エネルギーが注目されることもわかっていた。

図表1-9　田淵電機の業績予想と最高純益の比較

2013年
3集夏号

11	288(6)	69(3)	
12	207(7)	103(10)	
13.1~5	417(5)	141(1)	
	高値	安値	出来万株
13. 1	170	141	722
2	178	151	458
3	223	158	858
4	251	183	1,175
#5	417	241	2,784

【時価総額黄金期】〈90.7.16〉
244億円　（直近比 1.93倍）
【格付】—

【指標等】　〈連13.3〉
ROE　24.3%　予63.0%
ROA　3.3%　予 8.4%
調整1株益　—円
最高純益(85.3)　1,489
設備投資　2,135　予1,000
減価償却　670　予 970
研究開発　‥　予　‥
【キャッシュフロー】百万円
営業CF　1,197(　253)
投資CF　▲1,466(▲837)
財務CF　404(　799)
現金同等物　1,787(1,556)

シャープ　65(1.6)
ミヨシ電子　63(1.5)
〈外国〉 6.3%　〈浮動株〉25.3%
〈投信〉 0.0%　〈特定株〉48.8%
【役員】㊎田淵暉久 ㈳貝方士利浩 (副社)阪部茂一 ㈹吉原宅二 山口嘉男 佐々野雅雄 坂本幸隆 塩津晴二 広田嘉章 松村雄次 (常監)尾崎利明 ㊙米田秀実 林浩志
(6. 27予)
【連結】田淵電子工業, タイ国田淵電機, 香港田淵電機

【業績】(百万円)	売上高	営業利益	経常利益	純利益	1株益(円)	1株配(円)
連09. 3	34,308	▲239	▲881	▲1,508	▲42.8	0
連10. 3	30,738	175	▲177	▲492	▲14.0	0
連11. 3	32,921	658	212	7	0.2	0
連12. 3	26,598	481	212	▲348	▲8.9	0
連13. 3	31,070	1,220	1,005	578	14.3	0
連14. 3予	37,000	2,000	1,700	1,500	37.1	3
連15. 3予	40,000	2,500	2,200	1,50	37.1	3
中12. 9	13,490	305	147	▲16	▲4.2	0
中13. 9予	18,000	900	800	70	17.3	0
会14. 3予	37,000	2,000	1,700	1,50	(13.5.15発表)	

【配当】	配当金(円)
08. 3	3
09. 3	0
10. 3	0
11. 3	0
12. 3	0
13. 3	0
14. 3予	3

予想配当利回り　0.96%
1株純資産(円)〈連13. 3〉
58.9 (35.4)

2013年
2集春号

【業績】(百万円)	売上高	営業利益	経常利益	純利益	1株益(円)	1株配(円)
連10. 3	30,738	175	▲177	▲49	▲14.0	0
連11. 3	32,921	658	212		0.2	0
連12. 3	26,598	481	212	▲34	▲8.9	0
連13. 3予	32,000	1,000	700	400	9.9	0
連14. 3予	35,000	1,200	900	500	12.4	0
中12. 9	13,490	305	147	▲168	▲4.2	0
中13. 9予	14,500	500	350	200	4.9	0
四11. 4-12	20,957	425	214	35	0.9	
四12. 4-12	21,697	740	560	475	11.8	
会13. 3予	32,000	1,000	700	400	(12.5.15発表)	

【配当】	配当金(円)
08. 3	3
09. 3	0
10. 3	0
11. 3	0
12. 3	0
13. 3予	0
14. 3予	0

予想配当利回り　—%
1株純資産(円)〈連12.12〉
46.5 (35.4)

上段：数字の見直しではじめて29年ぶり最高益更新の事実が判明
下段：その前の春号予想

（出所）『会社四季報』2013年2集春号、3集夏号

だからこそ、その構造変化の中で、田淵電機も大きく進化し29年ぶりに最高益を更新したのだ。田淵電機は、「身近な変化が一番有望なテーマ」ということを、最もわかりやすく教えてくれた事例でもあった。

最近の事例を四季報2017年1集新春号の井村屋グループ（2209）で紹介したい。同社の「最高純益」は1988年の5億5000万円だったが、2017年1集新春号の今期純利益予想では6億6000万円と29年ぶりの最高益更新になっ

図表1-10　井村屋グループ

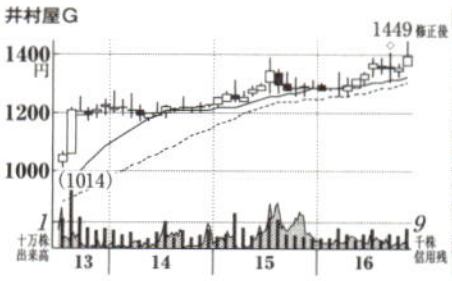

株価指標

予想PER	（倍）
〈17.3〉	25.2
〈18.3〉	24.9
実績PER	
高値平均	42.1
安値平均	34.9
PBR	1.55
株価(11/28)	1396円
最低購入額	13 9600

2209
井村屋《いむらや》グループ

【特色】和菓子で出発、肉まんや冷菓が主力に。調味料生産や首都圏のレストランなど食分野で総合化
【連結事業】流通88(5)、調味料12(4)、他1(12)

【決算】3月
【設立】1947.4
【上場】1961.10

【独自増額】夏場の主力商品「あずきバー」シリーズの好調想定超。わらび餅味投入の「やわもちアイス」シリーズも貢献。冬場稼ぎ時の肉まん・あんまんで不調見込む会社計画は控えめ。前号比で増益幅拡大。18年3月期は動燃費や保管料の絞り込み継続。
【一体化】17年4月1日付で菓子・食品関連と調味料の子会社合併。生産体制の効率化等目指す。米国アイスは小売店開拓推進。
〈16・3〉

【本社】514-8530津市高茶屋7-1-1
☎059-234-2131
【主要子会社】井村屋☎059-234-2132, 井村屋シーズニング☎0532-21-2311
【従業員】〈16.9〉連933名 単45名(37.4歳)年506万円
【証券】上東京②, 名古屋2 幹(主)三菱Uモル(副)岡三, 日興, みずほ, 東海東京 名三菱U信 監五十鈴
【銀行】三菱U, 第三, 百五, りそな
【仕入先】—
【販売先】日本アクセス

【株主】単4,041名〈16.9〉 万株

自社(自己株口)	177(6.9)
第三銀行	117(4.5)
百五銀行	115(4.5)
三菱東京UFJ銀行	111(4.3)
自社取引先持株会	100(3.9)
中山芳彦	72(2.8)
りそな銀行	57(2.2)
西村商店	47(1.8)
双日食料	46(1.8)
自社従業員持株会	42(1.6)

〈外国〉0.0%〈浮動株〉35.7%
〈投信〉0.0%〈特定株〉35.6%

【役員】(会)浅田剛夫 (社)大西安樹 (専)前山健 中島伸子 (常)菅沼重元 (取)伊藤宏規 中道裕久 名倉眞知子* 西岡慶子* (常監)寺家正昭 脇田元夫 (監)若林正清* 橋本陽子*
【連結】井村屋, 井村屋シーズニング, 日本フード

【株式】10/31 12,822千株
単位 100株 貸借 優待
時価総額 178億円
【財務】〈連16.9〉 百万円

総資産	26,375
自己資本	10,746
自己資本比率	40.7%
資本金	2,253
利益剰余金	5,154
有利子負債	3,869

【指標等】〈連16.3〉

ROE	4.1%	予6.1%
ROA	1.9%	予2.5%
調整1株益		—円
最高純益(88.3)		550
設備投資	1,328	予1,584
減価償却	1,337	予1,400
研究開発	456	予 500

【キャッシュフロー】 百万円

営業CF	2,952	(912)
投資CF	▲1,034	(▲1,569)
財務CF	▲1,880	(▲512)
現金同等物	904	(965)

【食料品】

年月	【資本異動】	万株
97.11	公150万株(422円)	2,599
02. 5	消却	2,564
05. 6	合併	2,564
16.10	併2→1	1,282

東証②	高値	安値
61~14	1250(87)	44(67)
15	697(7)	612(1)
16.1~11	1449(11)	630(3)

	高値	安値	出来万株
16.10	1375	1329	5
#11	1449	1365	8

【四半期進捗率】3期平均42.1%
今期77.8%(+35.7%)
【格付】—

【業種】食品
時価総額順位 79／171社
【比較会社】2269 明治HLD, 2201 森永製菓, 2204 中村屋

↑前号比増額　会社比強気

【業績】(百万円)	売上高	営業利益	経常利益	純利益	1株益(円)	1株配(円)
連12. 3*	32,611	374	447	120	9.8	20
連13. 3*	33,707	378	512	106	8.8	20
連14. 3*	36,270	769	916	335	27.5	20
連15. 3*	36,346	446	700	381	31.4	20
連16. 3*	38,644	742	738	445	36.8	20
連17. 3予	42,000	1,200	1,280	660	55.3	20
連18. 3予	44,000	1,300	1,300	670	56.1	20
中16. 9*	19,990	739	690	443	36.7	0
中17. 9予	21,000	750	750	480	40.2	0
会17. 3予	41,500	950	1,030	530	(16.5.9発表)	

【配当】	配当金(円)
12. 3	10
13. 3	10
14. 3	10
15. 3	10
16. 3	10
17. 3予	20
18. 3予	20

予想配当利回り 1.43%
1株純資産(円)〈連16. 9〉
900.3 (892.3)

（出所）『会社四季報』2017年1集新春号

ていた。

そもそも私が着目したのは、三重県津市に本社があることから、2016（平成28）年伊勢志摩サミットの関連銘柄として興味をもったのがきっかけだった。井村屋といえば主力商品の氷菓「あずきバー」で知られる。過去には、赤城乳業の「ガリガリ君リッチコーンポタージュ」に対抗し、あずきバーを温めて「おしるこ」にする試みがTwitterで話題になったこともある。

また「やわもちアイス」の人

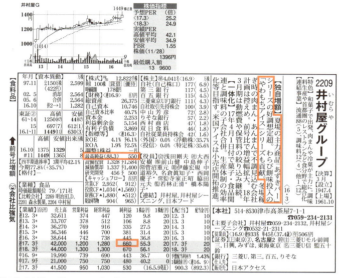

気が定着し、米国の大手量販店向けに導入が進んでいることも四季報コメントから読み取れた。グローバル展開の期待もあるし、東京オリンピックに向けたインバウンド銘柄としてもおもしろい。実際に株価は2017年1月に1400円前後だったものが、2018年1月31日の4895円まで3・5倍まで上昇した。

探してみれば、地味な銘柄でも、「何十年ぶりの最高益」という観点からお宝が見つかることもある。ぜひ〝第2の田淵電機〟になり得る銘柄を、粘り強く探してみてほしい。

第2章

【実践編】
10倍株探しの4つのポイント

1 10倍株を探すポイントに気づいたきっかけ

2016年は「1998年にそっくりだ」

不思議なものだが、四季報完全読破を続けていると、ふとした瞬間、過去の「あのときに似ているな」と感じることがある。2016年の株式相場を見ていて、「1998年にそっくりだ」と感じたことが、10倍株を探すポイントを見つけるきっかけとなった。

では1998年と2016年の何が似ていたのか。まずは共通点としてあげられるのが超低金利である。

1998年、日本の10年国債金利は1619年イタリア・ジェノバでつけた史上最低金利の1・125%を下回り、さらに0・7%割れまで急低下した。これはおよそ400年ぶりに史上最低記録を更新した瞬間だった。一方、2016年は日銀が金融市場初のマイナス金利を導入した年であり、どちらも歴史的な出来事、という点で共通している。

続いての共通点はデフレである。デフレは簡単にいうと物価がマイナスになることだが、1998年は前年に消費税引き上げがあったこともあり、消費者物価指数は戦後はじめてマイナスに突入した。戦後はじめての出来事だったため、新聞などでデフレの定義が解説されたほどだった。その後、マクドナルドが店舗と曜日限定で、当時130円だったハンバーガーを65円にするテスト販売をスタート。麒麟麦酒（キリンビール）もビールより価格が安い発泡酒「麒麟淡麗〈生〉」を発売するなど、デフレが本格化していった。

同様に、2016年も2014年に消費税が8％に引き上げられたことで景気が悪化・デフレ傾向が加速し、消費者物価指数は4年ぶりにマイナスに転落した。

そして**最も重要な共通点は、相場全般が冴えない中、中小型株が上昇するという「二極化相場」が見られたことだ。**

1998年の日経平均は年初1万5000円弱からスタート。高値は1万7000円程度まであったが、10月には1万3000円割れとなりバブル崩壊後の最安値を更新した。しかし、ソフトバンク（現ソフトバンクグループ）、ファーストリテイリング、ヤフー、ニトリ（現ニトリホールディングス）など、当時の中小型株は軒並み上昇し二極化相場になった。これらの企業は今となっては業界の顔だが、当時は伸び盛りで〝若い〟、中小型の成長株で株価もテンバガーを大きく上回った。

その後日経平均は安値をつけ反転し、2000年4月の高値2万1000円弱まで上昇する。この相場がいわゆる「ITバブル」だった。中小型株は2000年高値まで当たり前のように株価10倍となり、100倍株もいくつか生まれている。

一方の2016年も、日経平均は前年末の1万9000円強から急落して始まり、しばらく1万6000円から1万7000円のボックス相場が続いた。そのような中、中小型株が多い東証マザーズ指数は一時4割高まで急騰したのだ。

このように、どちらの年も日経平均は冴えないが、中小型株は上昇する「二極化相場」が見られた。ちなみに本書では、小型株を時価総額で1000億円程度まで、中型株を5000億程度までの株とし、これらをまとめていうときに中小型株といい、それ以上を大型株と呼ぶことにする。

2016年を起点に100倍株も生まれるか?

ほかにも四季報3ページにある「市場別決算業績集計表」(この集計表については第5章でも触れる)から見える全体の今期業績予想が、売上高も営業利益も減少する「減収減益」

で冴えない、という共通点もあった。

1998年と2016年に共通点が多いということは、2016年を起点に10倍株だけでなく100倍株も生まれる可能性もあると考えるが、そのヒントになるのが1998年を起点に実際に10倍株になった銘柄である。

1998年の安値から2016年までの高値で株価パフォーマンスを見ると、ファーストリテイリング（9983）は236倍、ヤフー（4689）は144倍、ニトリホールディングス（9843）は93倍になっていた。ソフトバンクグループ（9984）も一足早い1年前の1997年安値から見れば高値まで118倍になっている。

これらの銘柄の共通点を探ってみて、浮かび上がったのが「4つのポイント」だった。次から、そのポイントを1つひとつ解説していきたい。

2

ポイント①

成長性を示す「増収率」が高い

4年で売上高が2倍、年20%以上の増収を継続しているか

10倍株探しで、私が一番重視しているのは「急成長」だ。そもそも成長とは何かだが、成長とは売上高の伸び、つまり「増収率」であり、その数字が**20%以上のものが急成長していると考えている。**

増収率は、四季報の【業績】欄に書かれている売上高を見るのだが、残念ながら四季報には増収率が記載されていないため各自で計算しなければならない。

増収率は、今期の売り上げ予想（太字で示された上の段）が、前期の売上高に対してどれだけ増えているか、つまり前年比何%増になっているのかであり、計算式は「増収率（%）

＝（今期売り上げ予想÷前期売上高×100）－100」で求めることができる。

ただし急成長の目安である増収率20％以上を**簡単に見極めるコツがあり、それは売上高が「4年で2倍」になっているかどうか**である。

例えば、もともと売上高が100億円として、1年間に20％ずつ伸びるとすると、1年後の売上高は120億円、2年後144億円、3年後には173億円、4年後には208億円となり、「4年で2倍」を超える。

また増収率をもってあれこれ考えるには、まずこれらの平均値を把握しておくことも重要だ。増収率の平均は、四季報3ページに掲載されている「市場別決算業績集計表」をチェックする（この表の使い方については第5章を参照）。いわゆる急成長株は、その表の新興市場の平均増収率（2018年2集春号の今期予想は14・1％）を継続して超える増収率の企業だと考えてよいだろう。先に「1年間に20％ずつ伸びると、4年後に2倍を超える」と述べたが、「1年間に20％ずつ伸びる」ということは市場の平均を超えている数字だということがわかる。例外的な年もあるが、せいぜい2％の低成長が続く日本で、20％の成長はかなり力強いと考えてよいだろう。

またピーター・リンチ氏も著書の中で、株を①低成長株、②優良株、③急成長株、④市況関連株、⑤業績回復株、⑥資産株の6つに分類しているが、このうち急成長株については「年に二〇～二五％の成長を遂げ、うまくすれば株価は一〇倍から四〇倍、あるいは二〇〇倍にもなりそうな積極性のある小企業」と述べている。

成長が「持続的」であるかどうかもポイントで、急激に上げ下げを繰り返すケースは成長株とはいえない。景気の波などに左右されている場合が多く、その企業の成長力が強いと判断しにくい。

なぜ売上高の伸びに注目するのか

中には、なぜ注目すべきが利益ではなく売上高なのか、疑問をもたれる方も多いだろう。その答えはいたってシンプルで**「売上高なくして利益は存在しない」**からだ。

図表2-1は「利益」について図式化したものだ。利益は、最もトップにある「売上高」からコストを差し引いていったものになる。つまり、「売上高」はすべての利益の「源泉」で最も重要な指標。だからこそ、成長性を見るときには、売上高の伸びを第一にチェックすべきだと考えている。

いかに売上高を伸ばすかが株価につながる

実はモノやサービスを売って、「売上高」をコンスタントに伸ばしていくことは簡単な

図表2-1　利益とは

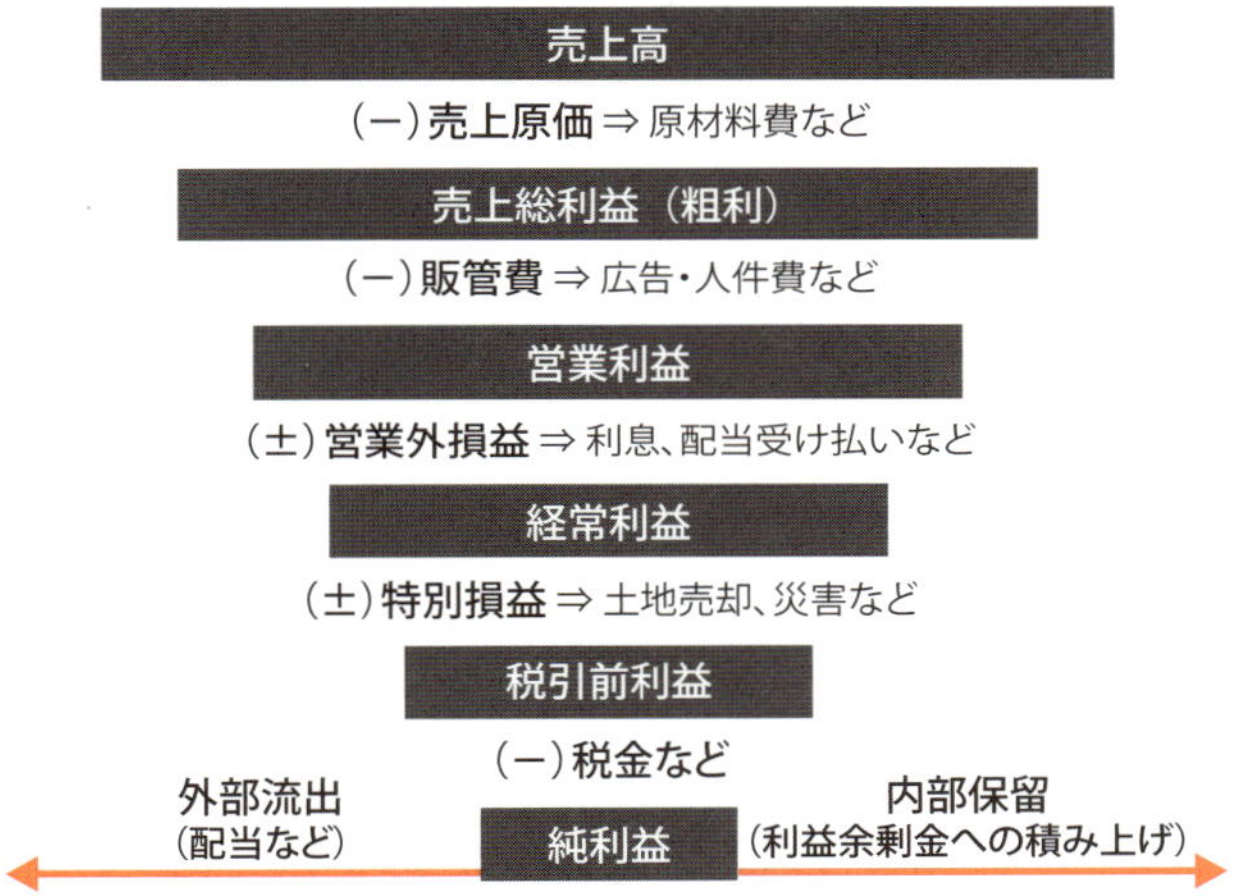

（注）純利益から外部流出する比率を株主還元率という
（出所）複眼経済塾

ことではない。今後、少子高齢化が進み、経済の総量《パイ》が大きく増えないと予想される中、限られたマーケットで売り上げを伸ばし続けるのは至難の業だ。

この難問を打破し、**売り上げを伸ばしていく方法は、以下の3つに限定される**と考えている。

①業界内でのシェアを拡大する（シェア拡大）

②今すでに存在するマーケットを新しい商品で置き替える（イノベーションなど）

③飽和したマーケットを飛び出し、新天地を求める（グローバル化

など）

①の「シェア拡大」は、他社と差別化できる強みがあってはじめてできるものだ。同じ価格ならより高品質なもの、もしくは、同じ品質ならより低価格なものを提供できる技術とノウハウをもっていることが前提となる。

一方、同業他社をM&A（合併・買収）で取り込み、時間をお金で買う戦略で、一気にシェア拡大するケースもある。具体的には、精密小型モーター世界首位の日本電産（6594）やスーパー大手のイオン（8267）が典型例で、それぞれ【特色】欄に「買収積極的」「M&Aで成長」と書かれている。ほかにも例えば家族経営による薬局（いわゆるパパママストア）を、大手ドラッグストアが買収し、市場シェアを増やしていったケースなどが当てはまる。

売上高増加につながるイノベーション

②の「イノベーション」でわかりやすい例はテレビだ。過去をさかのぼればラジオ、白黒テレビ、カラーテレビへと移り変わり、ブラウン管から液晶テレビ、さらに今は液晶の中でも高繊細な4K・8Kテレビや有機ELに置き替わろうとしている。電話も同じで、

『サザエさん』の家にあるようなダイヤル式の黒電話がプッシュホン電話に、プッシュホンの固定電話が携帯電話に、携帯電話がスマホに置き替わり、今後はスマホがウエアラブル端末に置き替わりそうである。

ほかにも技術革新により、人がやっていた市場が機械に置き替わった事例はある。

例えば駅の改札。私が子どものころは改札口には駅員さんが何人もいて、切符を切ったり回収したりしていたが、自動改札機の登場によって現在はほとんど無人になった。同じく高速道路の料金所でも、つい数年前まではすべてのボックスに人がいて、高速券とお金を手でやり取りしていたが、ＥＴＣの発達でほとんど無人になった。

数年後には自動車の「自動運転」が発達し、トラックやタクシーのドライバーがいなくなるともいわれている。コンビニやスーパーでは無人レジの導入も進むだろう。「人件費」という大きなマーケットは、今後ますます「機械の売り上げ」に変わっていくわけだ。

マーケットが置き替わる「代替」はあらゆるところで起きる可能性がある。例えば広告である。日本の広告市場は約6兆円の市場規模で、従来はテレビ広告が中心だったが、今後、ネット広告からＳＮＳ広告へと代替される可能性がある。ＳＮＳ広告は現在およそ２０００億円強とされるが、仮にテレビ広告を代替したとすると、単純に考えてマーケット規模は約30倍に拡大するイメージができる。

２０１６年、ピコ太郎の『ＰＰＡＰ』が世界的アーティスト、ジャスティン・ビーバーのTwitterをきっかけに、全世界でブームになったのは記憶に新しい。この〝ピコ太郎現象〟で明らかになったのは、ＳＮＳは国内のみならず、全世界へ向けて情報発信できる力を秘めていることだ。

その意味でいうと、四季報の【特色】欄に「ＳＮＳに特化した企業のマーケティング企画、運用、分析等を支援」とある「アライドアーキテクツ（６０８１）」は、世界の広告マーケットのいくらかを代替できれば、想像以上に大きな利益を生み出す可能性がある。

このように、大きなマーケットがベースにあり、新しい何かに置き替わろうとしている産業やサービスはないか、日ごろから想像を膨らませて観察することをおすすめしたい。

ちなみにこの置き替えは技術革新だけではなく、規制緩和や政策によってももたらされる。コンビニやドラッグストアのこれまでの成長は、これまた『サザエさん』に出てくる「三河屋さん」のような近所の酒屋や薬局が、規制緩和でチェーンストアに置き替わった歴史でもある。

今後は政策的に、大手製薬会社の新薬マーケットはどんどん後発薬（ジェネリック薬）に、今まで独占供給されていた電力マーケットは「太陽光・風力・バイオマス」などの再生エネルギーに置き替わるだろう。

新天地でマーケットを拡大

③の「グローバル化」については、四季報の【連結事業】欄にある【海外】を見ればわかる。【海外】で示されているのは、連結海外売上比率または地域別売上高の日本以外の売上比率、建設業の場合は海外工事比率だ。

例えばトヨタ自動車（7203）は、四季報2018年2集春号によると海外売上比率が75%となっているが、50%を超えたのは1990年代の後半だった。**50%を超えるタイミングは、国内企業がグローバル企業に転換するときであり、マーケットが日本から世界に広がるという成長ストーリーが描けるときでもある。**同様にキッコーマン（2801）は2014年3集夏号で海外比率が51%（現在は56%）と50%を突破し、コメントにも「北米も日本食卸順調」とあるようにグローバル企業として活躍している。

また、新天地は海外だけでない。国内であっても地盤地域を飛び出すことも③に当てはまる。日本ハウスホールディングス（1873）は、「東日本ハウス」から社名変更したとき、四季報2015年2集春号コメントに「社名から東を取り、5月から日本ハウスHDに。全国展開を意識」とあった。東日本だけでなく西日本の新天地を一気に攻めていく意気込みが感じられ、国内のシェア拡大を期待させられたものだった。

3

ポイント②
稼ぐ力を示す「営業利益率」が高い

目安は営業利益率10％以上

10倍株を見つけるときに最重視してほしいのは、成長性を示す「増収率」の高さだが、**稼ぐ力を示す「営業利益率」にも着目してほしい。残念ながら四季報にはその数字が記載されていないので、「営業利益率（％）＝営業利益÷売上高×100」で計算する。**

増収率と同様、営業利益率もまずは平均値を把握しておくことが重要だ。営業利益率で分子になる営業利益は、売上高から売上原価（原材料費など）と人件費などの販売管理費を差し引いたもので、本業の儲けを表す。つまり営業利益率は「本業で稼ぐ力」と考えてよい。

その平均値は、四季報2018年2集春号なら4～5ページにある「[業種別]業績展望」の表を参考に算出できる。ここには売上高や営業利益など、業種別に集計された合計の実額が記載されている。これらの数字を使うと、今期（2018年1月期～2018年12月期）の金融を除く全産業の平均的な営業利益率は「約7％」と計算される。一般的には10％以上あれば「稼ぐ力」のある優良企業と判断してよい。

人件費をコストと考えるか、人を財産と考えるか

では「本業で稼ぐ力」の営業利益率を高めるためにはどうしたらよいのか。方法は以下の2つしかない。

①売上原価や人件費・人件費を除く販管費を引き下げる（＝コストを下げる）
②売上原価や人件費・人件費を除く販管費に利益を上乗せした価格で販売する（＝高く売る）

この2つの方法は一見すると、コストを下げるか販売価格を上げるかの二者択一の問題に見えるが、実はもっと深い問題を含んでいる。それは**人件費をコストと考えるかどうか。**

19年12月期を対象にして集計した。
号に比べ営業利益の合計額が上方修正されたことを示す。

経常利益 今期予想合計額（億円）	経常利益 前号比増減率（%）	経常利益 前期比増減率（%）前期実績	今期予想	来期予想	純利益 今期予想合計額（億円）	純利益 前号比増減率（%）	純利益 前期比増減率（%）前期実績	今期予想	来期予想	集計社数	業種
16,516	(▲2.8)	9.5	2.5	3.9	11,218	(▲1.2)	11.0	1.0	3.5	114	食料品
3,815	(0.4)	4.6	8.8	7.3	2,572	(1.6)	28.5	5.1	1.8	52	繊維製品
1,618	(0.0)	13.1	▲8.9	26.2	962	(2.2)	64.8	▲12.1	25.0	24	パルプ・紙
32,577	(3.8)	12.5	15.6	6.2	21,730	(4.9)	30.1	14.2	8.6	186	化学
12,519	(0.3)	3.8	3.2	▲1.3	9,321	(3.8)	12.1	1.3	▲2.4	57	医薬品
3,762	(20.7)	黒字化	46.7	10.2	2,517	(38.3)	黒字化	49.3	8.9	9	石油・石炭製品
6,156	(0.1)	▲5.2	7.5	6.8	4,192	(1.7)	15.9	9.6	7.5	17	ゴム製品
6,221	(4.2)	31.8	16.7	6.5	4,078	(1.8)	66.8	18.7	6.2	52	ガラス・土石製品
7,539	(3.2)	▲7.8	78.9	16.9	5,106	(15.0)	37.1	72.1	12.7	41	鉄鋼
6,561	(1.8)	32.4	40.0	4.2	4,060	(4.5)	43.7	58.9	1.7	29	非鉄金属
4,247	(▲0.1)	23.7	12.9	9.3	2,741	(0.2)	35.9	12.5	9.5	90	金属製品
20,991	(▲0.1)	▲6.8	19.6	12.0	13,872	(1.9)	9.3	19.3	10.4	208	機械
47,738	(▲4.7)	32.8	24.8	11.5	35,074	(27.7)	▲17.2	194.9	1.4	223	電気機器
65,907	(3.0)	▲11.4	8.1	7.8	56,245	(23.3)	▲10.5	34.4	▲9.5	78	輸送用機器
3,167	(4.5)	3.8	25.4	9.7	2,327	(13.8)	8.7	30.9	7.2	47	精密機器
6,836	(5.3)	8.8	32.1	18.4	4,752	(7.2)	43.4	9.0	12.5	104	その他製品
246,178	(0.8)	5.8	15.9	8.6	180,774	(13.9)	7.6	37.7	0.8	1331	製造業
746	(3.6)	30.4	0.6	▲2.1	496	(4.3)	53.9	12.5	▲7.5	10	水産・農林業
3,825	(▲0.6)	▲14.0	13.5	4.9	259	(▲54.2)	78.2	▲31.5	173.7	7	鉱業
22,933	(▲0.8)	16.1	5.6	4.2	15,448	(▲3.2)	26.1	8.3	4.1	154	建設業
10,560	(5.9)	▲35.1	▲3.2	11.4	8,891	(4.9)	▲22.3	14.2	▲2.2	24	電気・ガス業
22,558	(0.9)	3.4	2.7	4.1	15,087	(0.8)	70.8	3.5	3.9	59	陸運業
743	(▲18.0)	赤字化	黒字化	63.1	441	(▲6.4)	連続赤字	黒字化	50.6	13	海運業
3,122	(▲0.3)	▲9.8	0.7	1.9	2,555	(▲0.2)	4.0	▲4.0	▲12.2	4	空運業
1,138	(1.4)	5.7	7.2	3.9	779	(1.9)	▲25.4	65.6	0.9	35	倉庫・運輸関連業
48,259	(▲3.3)	0.6	7.7	11.4	35,256	(19.4)	46.0	▲4.3	▲9.6	367	情報・通信業
37,392	(2.0)	96.6	23.7	0.8	26,966	(4.3)	153.8	28.7	▲1.1	311	卸売業
25,075	(▲1.2)	8.9	6.1	8.5	13,885	(▲0.3)	7.3	18.0	7.6	308	小売業
12,847	(1.1)	16.3	7.3	6.1	8,525	(1.1)	15.7	11.1	3.0	113	不動産業
23,302	(▲1.0)	0.0	0.5	5.6	13,652	(▲1.4)	▲19.7	43.9	5.6	381	サービス業
212,505	(▲0.4)	8.1	8.1	6.5	142,245	(4.7)	30.7	15.3	▲0.2	1786	非製造業
458,684	(0.3)	6.9	12.1	7.6	323,020	(9.7)	17.7	26.8	0.4	3117	金融を除く全産業
53,247	(0.4)	▲15.4	11.6	3.3	36,343	(2.2)	▲6.6	3.1	▲0.1	84	銀行業
3,644	(11.2)	▲19.5	26.1	4.7	2,770	(7.2)	▲13.4	25.1	1.7	37	証券業
13,925	(3.4)	5.4	▲11.1	9.9	10,042	(21.1)	12.9	4.8	▲4.7	9	保険業
10,606	(▲0.2)	▲4.8	26.2	3.5	7,388	(▲0.4)	▲7.6	37.7	3.9	30	その他金融業
81,423	(1.3)	▲10.8	9.1	4.5	56,544	(5.0)	▲4.0	7.9	▲0.3	160	金融
540,107	(0.4)	3.7	11.7	7.1	379,564	(9.0)	13.3	23.6	0.3	3277	全産業

業の業績を集計。実績・予想とも連結決算の数値を優先。ただし、決算期変更企業、連結決算

図表2-2 ［業種別］業績展望

前期は17年1月期～17年12月期、今期は18年1月期～18年12月期、来期は19年1月期～

前号比は『会社四季報』2018年2集春号集計対象企業の前号時点の予想の集計と比較。業種名の赤字は前

業種	集計社数	売上高 今期予想合計額（億円）	売上高 前号比増減率（%）	売上高 前期比増減率（%）前期実績	売上高 前期比増減率（%）今期予想	売上高 前期比増減率（%）来期予想	営業利益 今期予想合計額（億円）	営業利益 前号比増減率（%）	営業利益 前期比増減率（%）前期実績	営業利益 前期比増減率（%）今期予想	営業利益 前期比増減率（%）来期予想
食料品	114	216,067	(▲0.5)	4.8	4.2	2.9	16,283	(▲2.5)	9.0	3.6	4.1
繊維製品	52	58,139	(▲0.3)	▲4.3	6.3	3.5	3,758	(0.2)	▲0.7	9.6	7.7
パルプ・紙	24	49,055	(0.0)	0.2	5.9	2.0	1,637	(▲0.0)	9.5	▲14.5	25.8
化学	186	312,326	(1.1)	▲0.9	8.0	5.7	30,778	(1.6)	9.7	12.5	8.7
医薬品	57	92,249	(1.0)	0.5	3.0	▲0.6	12,436	(2.9)	2.8	5.5	▲2.9
石油・石炭製品	9	69,166	(1.1)	▲5.1	12.6	4.2	3,488	(19.3)	黒字化	32.2	9.7
ゴム製品	17	57,481	(1.1)	9.0	3.8	4.4	6,405	(▲0.7)	▲4.9	8.4	5.8
ガラス・土石製品	52	66,822	(0.4)	2.5	7.3	4.3	6,404	(4.1)	25.8	18.6	6.5
鉄鋼	41	143,320	(1.2)	▲4.8	16.3	2.9	6,953	(2.0)	▲17.8	80.1	14.3
非鉄金属	29	103,763	(0.2)	▲4.2	11.5	2.2	6,250	(0.1)	19.6	15.5	4.1
金属製品	90	58,628	(0.6)	0.5	6.0	4.2	4,146	(▲0.5)	17.7	11.8	10.5
機械	208	249,987	(0.5)	▲1.7	8.7	6.7	21,047	(1.1)	▲8.3	15.8	10.9
電気機器	223	659,510	(▲1.0)	▲4.6	4.5	2.5	47,140	(▲5.5)	40.8	19.2	12.9
輸送用機器	78	897,009	(1.0)	▲2.8	6.0	3.1	58,502	(3.4)	▲14.6	5.4	8.5
精密機器	47	31,143	(0.4)	▲2.3	9.5	4.1	3,200	(4.3)	▲1.0	21.4	9.4
その他製品	104	95,331	(0.3)	▲0.7	9.1	4.9	6,557	(4.3)	2.1	35.7	20.5
製造業	1331	3,160,002	(0.3)	▲2.1	6.7	3.5	234,991	(0.5)	4.6	13.1	9.1
水産・農林業	10	20,597	(1.4)	0.1	5.0	0.4	680	(0.4)	27.2	▲0.9	▲0.2
鉱業	7	14,311	(4.5)	▲13.3	7.6	13.8	3,627	(0.7)	▲17.6	7.2	6.8
建設業	154	321,232	(▲0.2)	2.2	4.4	1.9	22,261	(▲1.3)	15.7	4.6	4.7
電気・ガス業	24	244,223	(▲0.1)	▲7.9	7.6	3.3	11,909	(1.9)	▲33.8	▲6.5	10.5
陸運業	59	223,718	(0.3)	0.7	3.6	2.6	24,095	(0.6)	1.5	3.6	3.8
海運業	13	53,373	(1.0)	▲14.2	10.8	▲32.5	899	(1.0)	赤字化	黒字化	3.6
空運業	4	33,702	(0)	▲2.3	8.3	5.7	3,303	(▲0.2)	▲8.2	3.1	1.8
倉庫・運輸関連業	35	20,327	(0.3)	0.7	4.2	2.7	1,037	(0.6)	3.4	6.2	5.7
情報・通信業	367	393,123	(0.1)	1.4	4.2	2.6	52,634	(▲1.4)	8.1	9.6	1.3
卸売業	311	765,194	(0.6)	▲2.4	9.1	2.8	26,499	(2.6)	58.4	26.0	1.1
小売業	308	533,393	(▲0.2)	1.3	4.2	4.6	24,461	(▲1.5)	5.2	7.5	8.8
不動産業	113	106,879	(0.3)	10.9	8.0	5.9	14,056	(1.0)	13.2	7.8	5.5
サービス業	381	309,737	(2.5)	0.8	3.6	3.7	15,325	(▲2.6)	10.3	2.0	8.8
非製造業	1786	3,039,812	(0.4)	▲0.5	5.9	2.7	200,792	(▲0.3)	5.8	8.5	4.4
金融を除く全産業	3117	6,199,815	(0.4)	▲1.3	6.3	3.1	435,783	(0.1)	5.1	10.9	7.0
銀行業	84	231,339	(0.9)	4.0	1.5	1.7	—	(—)	—	—	—
証券業	37	16,018	(4.7)	▲5.6	14.3	4.5	3,441	(11.8)	▲22.0	31.2	4.9
保険業	9	231,720	(3.2)	1.0	3.1	0.3	—	(—)	—	—	—
その他金融業	30	78,426	(0.5)	7.2	6.7	5.0	9,325	(▲0.5)	▲6.5	32.2	4.3
金融	160	557,504	(1.9)	2.9	3.2	1.7	—	(—)	—	—	—
全産業	3277	6,757,319	(0.5)	▲1.0	6.1	3.0	448,549	(0.2)	4.7	11.4	6.9

（注）『会社四季報』2018年2集春号掲載会社で、今期・来期の予想および実績2期分がある企
方式変更企業、上場企業の子会社は除く。銀行、保険の営業利益は集計していない

（出所）『会社四季報』2018年2集春号

いいかえれば「人」をコストと考えるかどうか、という問題である。

①の「売上原価や人件費・人件費を除く販管費を引き下げる」は、人をコストと考える「引き算（マイナス）」の考え方である。一方、②の「売上原価や人件費・人件費を除く販管費に利益を上乗せした価格で販売する」は、人を財産と考え、その上で利益を乗せていく「足し算（プラス）」の考え方になっている。つまり人を「コスト」ととらえるか、人を「財産」ととらえるのか、まったく正反対の考え方からのアプローチを示しているのだ。

これは自分自身の問題に置き換えて考えていただくと一番わかりやすい。誰だって、会社が自分のことを「コスト」と見ているのか、それとも「財産」と見ているのかでやる気やモチベーションは大きく違ってくるだろう。当たり前だが、「あなたは会社にとってコストだ」といわれればやる気など起きるはずもなく、人を「財産」と考えている企業のほうが活気もあり販売力もあり、強い会社になるはずだ。

具体例としてFAセンサーを手がけるキーエンス（6861）を見てみたい。四季報2018年2集春号によると、同社の平均年収はなんと1861万円（36・1歳）で誰もがうらやむ高い水準にある。年収の高い企業はほとんどが非製造業なので、製造業の中ではひときわ異彩を放っている。しかも、これだけ「年収が高い」、つまり「人件費が高い」にもかかわらず、営業利益率が驚異の50％以上と、製造業では断トツの高収益企業なのである。

おそらく、同社は人件費をコストと考えず、社員を財産としてとらえているはずだ。一方で、四季報の【特色】に「生産は国内工場軸に外注」とあり、工場を所有しない、いわゆる「ファブレス」企業であることがわかる。その分、コストを抑えて売り上げを伸ばし、利益は高い報酬として従業員に還元する。それが社員のやる気につながり、さらに素晴らしい製品を生み出す原動力になっているのだろう。

こうした素晴らしい循環ができているのがこの会社のすごさで、市場はそれらを評価して堅調な株価につながっている。

4

ポイント③

オーナー経営者で筆頭株主

個人のオーナー=トップマネジメントがベスト

10倍株探しのポイントとして、私がチェックしている3つ目のポイントは経営体制で、オーナー社長のオーナー企業であるということだ。

その見分け方は四季報の【役員】欄にある社長もしくは会長の名前が、【株主】欄の上位株主にあることである。オーナーの個人名が記載されているのがベストだが、100歩譲って、オーナーの持ち株会社名でもよいだろう。

私の経験則だが株価が右肩上がりの企業には、創業者もしくは創業家出身の経営者(創業者の資産管理会社を含む)が株主1位の筆頭株主、という共通点がある。

上場したての企業では創業者の保有比率が50％以上を占めるケースもあるが、事業が軌道に乗っているときはトップダウンで迅速に意思決定が行われ、すばやく行動できることから他社に先んじて市場を制することができる。一方で、ワンマン経営に陥るリスクもあるので注意する必要がある。

例えばソフトバンクグループの孫正義社長は21・0％、ファーストリテイリングの柳井正会長兼社長は21・6％の株を保有し、ともに筆頭株主となっているが過半数を超えていない。これは筆頭株主として経営にコミットする意思を表明するとともに、残り約80％の株主を受け入れてもトップマネジメントとして株主から信任されるという自信の表れでもあり、このような形になれるのが理想かもしれない。

筆頭株主の人物像が把握できない場合は投資を控える

一方、オーナーと筆頭株主が別の人物のときもある。どのような人が筆頭株主なのか、把握できているならよいが、わからない場合はよいケースと悪いケースがあるので、できれば投資対象からは外したほうがよい。一番避けるべきは、その株を売ることを前提としている投資ファンドが筆頭株主になっている場合だ。また、オーナー一族の名前が上位にズラリと並んでいる場合は、相続対策で上場している可能性もあるので注意したい。

5

ポイント④

上場5年以内

四季報の2018年1集新春号には巻頭特集として、「10年前比較ランキング」が掲載されていた。これは非常に有益な情報で、四季報に毎号掲載されることを編集部にお願いしたいぐらいの内容だった。

中でも私が注目したのが「株式時価総額」のランキング（図表2-3）で、これは2007年10月31日から2017年11月27日までの10年間で時価総額が大きく膨らんだものを、1位のRIZAPグループ（2928）の238・8倍を筆頭にランキングしたものである。時価総額が10倍以上になっているものは48あるが、増資で時価総額が増加したケースを除外してもほとんどが10年前と比べて10倍株に化けた銘柄である。つまり、この表自体、10倍株のリストだといっても、いいすぎにはならないだろう。

そのため、リストアップされている銘柄の現在と10年前の状況を分析すれば、10倍株を探すヒントになるのではないかと考えた。分析の結果、浮かび上がってきたことは、**10年前の段階で上場から「5年未満」が61％、経営形態は「オーナー系・同族」が80％と大半を占めていた**ことだ（図表2－4）。

いずれも1998年と2016年が似ていると気づいた時点でわかっていたが、特に「上場5年以内」の若い企業が10倍株の候補になる、ということはこの特集記事で確信に近づいた。

例えばピーター・リンチの著書でも「中小型株か、業績回復株か」いずれかを買うようにすすめている。中小型株は上場間もない新しい企業、業績回復株は古くからある会社で業績が回復したものである、と定義できるが、次世代型でおもしろいことに取り組んでいるのは中小型株のほうだろう。株式時価総額の10年前比較ランキングを見ても、10年前の時価総額が100億未満の小型株が6割を占めている。

このような若い企業で将来有望な銘柄を見つけるポイントは、第5章の「1　読破の時間がない人のための10倍株を探せる読み方」でも解説しているので参考にしてほしい。

順位	コード	社名	決算期	株式時価総額		営業利益		株価情報		
				10年前比増加倍率（倍）	10年前時価総額（百万円）	10年前比増加倍率（倍）	10年前営業益（百万円）	予想PER（倍）	PBR（倍）	最低購入金額（万円）
27	9627	アインHLD	連17.4	12.2	20,469	3.3	4,440	28.1	3.70	70.7
28	2772	ゲンキー	連17.6	12.1	5,182	3.3	1,170	18.6	3.62	40.6
〃	3246	コーセー RE	連17.1	12.1	1,064	3.8	289	12.4	2.81	12.5
30	8876	リログループ	連17.3	12.0	37,882	3.3	4,060	42.4	10.62	29.7
31	2154	トラストテック	連17.6	11.9	6,253	4.6	697	27.7	11.16	38.5
〃	8920	東祥	連17.3	11.9	11,100	3.2	1,890	32.9	5.49	34.4
33	2362	夢真HLD	連17.9	11.6	6,115	4.8	489	28.3	5.90	9.5
〃	6420	福島工業	連17.3	11.6	9,962	5.7	1,460	18.7	2.33	52.3
35	1719	安藤ハザマ	連17.3	11.5	14,100	8.3	4,440	6.9	1.45	8.8
36	2127	日本M&A	連17.3	11.1	41,117	6.2	1,460	62.4	22.14	55.5
37	3765	ガンホー	連16.12	11.0	24,922	—	▲317	8.5	3.74	2.9
〃	7821	前田工繊	連17.9	11.0	5,823	5.7	716	19.7	2.41	19.9
39	2485	ティア	連17.9	10.9	1,822	2.5	485	23.7	3.20	9.9
〃	4318	クイック	連17.3	10.9	3,187	5.5	366	20.9	5.01	18.3
41	7605	フジ・コーポ	単16.10	10.8	2,100	4.0	553	15.8	1.85	21.7
42	3397	トリドールHD	◇17.3	10.5	14,672	—	1,440	24.9	4.28	35.6
43	3038	神戸物産	連16.10	10.4	15,664	7.7	1,530	13.2	5.80	47.7
〃	7747	朝日インテック	連17.6	10.4	45,893	10.2	1,050	48.2	10.28	73.9
45	2413	エムスリー	◇17.3	10.2	119,087	—	3,590	63.6	16.83	37.4
〃	9928	ミロク情報	連17.3	10.2	9,861	4.9	833	29.7	5.96	29.0
47	7412	アトム	連17.3	10.1	15,805	1.8	1,120	298.3	13.61	8.7
48	3778	さくらインタ	連17.3	10.0	3,130	12.0	85	52.9	4.10	8.4
49	6284	日精ASB機械	連17.9	9.9	9,976	2.4	2,540	20.1	3.79	64.2
50	4751	サイバー A	連17.9	9.8	51,960	6.6	4,620	101.3	6.41	40.2

（注）決算期の連は連結、単は単独、◎はSEC、◇はIFRS
（出所）『会社四季報』2018年1集新春号

図表2-3　時価総額の「10年前比較ランキング」(図表1-8再掲)

順位	コード	社名	決算期	株式時価総額		営業利益		株価情報		
				10年前比増加倍率(倍)	10年前時価総額(百万円)	10年前比増加倍率(倍)	10年前営業益(百万円)	予想PER(倍)	PBR(倍)	最低購入金額(万円)
1	2928	RIZAPG	◇17.3	238.8	2,697	—	▲38	80.5	29.25	25.3
2	3064	Monota	連16.12	44.0	9,016	19.8	480	46.8	19.09	31.7
3	2782	セリア	単17.3	40.9	11,982	6.6	2,290	41.9	9.15	64.6
4	2427	アウトソシング	連16.12	39.5	4,970	3.7	1,010	32.1	7.50	19.3
5	3751	日本アジアG	連17.3	30.8	409	—	▲421	10.2	0.45	4.6
6	7575	日本ライフライ	連17.3	27.3	8,250	25.2	305	24.7	8.05	49.8
7	3769	GMOペイ	連17.9	26.8	11,695	6.5	776	72.9	15.23	84.4
8	3085	アークランドS	連16.12	26.3	3,367	4.2	789	37.3	5.48	26.8
9	2222	寿スピリッツ	連17.3	26.2	6,219	5.0	773	49.3	12.14	52.3
10	2157	コシダカHLD	連17.8	25.9	3,480	8.9	691	22.1	4.12	43.9
11	2124	JACリクルト	連16.12	24.3	3,827	6.0	794	24.6	8.12	22.5
12	2379	ディップ	単17.2	21.7	7,715	12.8	711	20.6	8.79	27.0
13	3046	ジンズ	連17.8	19.6	6,656	24.2	223	34.3	7.43	54.3
14	3073	DDHLD	連17.2	19.2	2,022	5.1	319	38.1	7.81	49.9
15	3385	薬王堂	単17.2	17.8	3,721	3.2	981	26.0	4.26	33.6
16	4345	シーティーエス	単17.3	16.4	2,719	3.0	395	39.9	10.10	10.0
17	6324	ハーモニックD	連17.3	16.0	45,690	1.8	4,410	90.4	10.95	77.0
18	2398	ツクイ連	17.3	15.1	4,421	3.1	1,230	23.7	3.19	9.2
19	7419	ノジマ連	17.3	15.0	8,178	19.1	789	11.2	2.03	24.4
20	1726	ビーアールHD	連17.3	14.8	1,155	—	▲1,970	15.2	3.34	4.3
21	7593	VTHLD	連17.3	13.9	4,698	2.3	3,370	14.4	1.78	5.5
〃	7844	マーベラス	連17.3	13.9	3,848	16.3	352	12.4	3.18	10.0
23	3349	コスモス薬品	連17.5	13.8	35,660	6.3	3,500	26.8	5.03	246.0
24	4975	JCU	連17.3	12.9	6,533	8.0	687	16.9	4.03	59.6
25	7956	ピジョン	連17.1	12.7	40,044	5.0	3,190	38.7	8.96	42.0
26	4552	JCRファーマ	連17.3	12.4	11,947	8.4	281	53.2	5.37	45.9

図表2-4　テンバガー候補の見つけ方

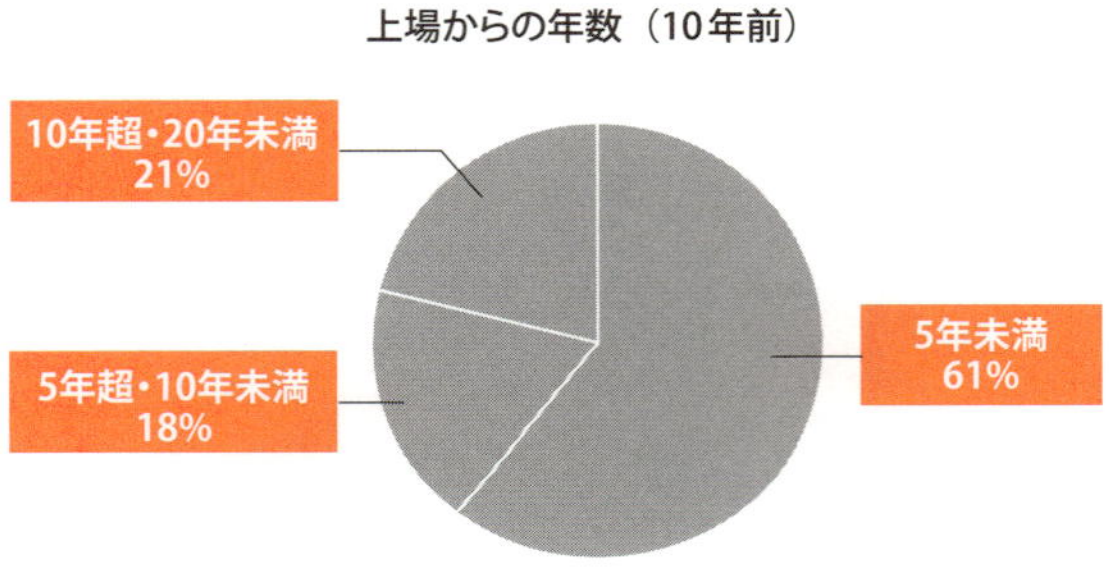

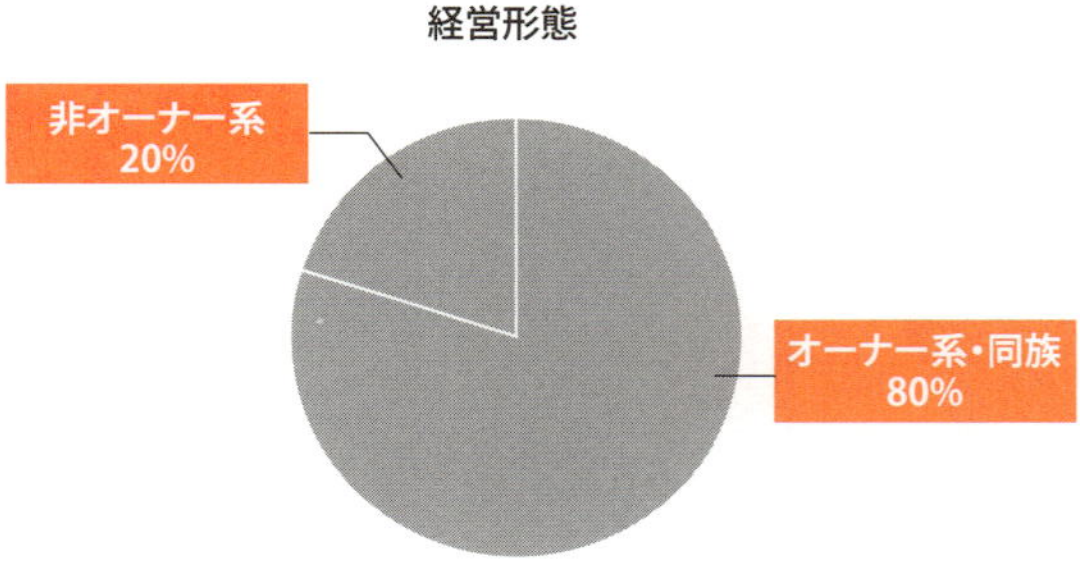

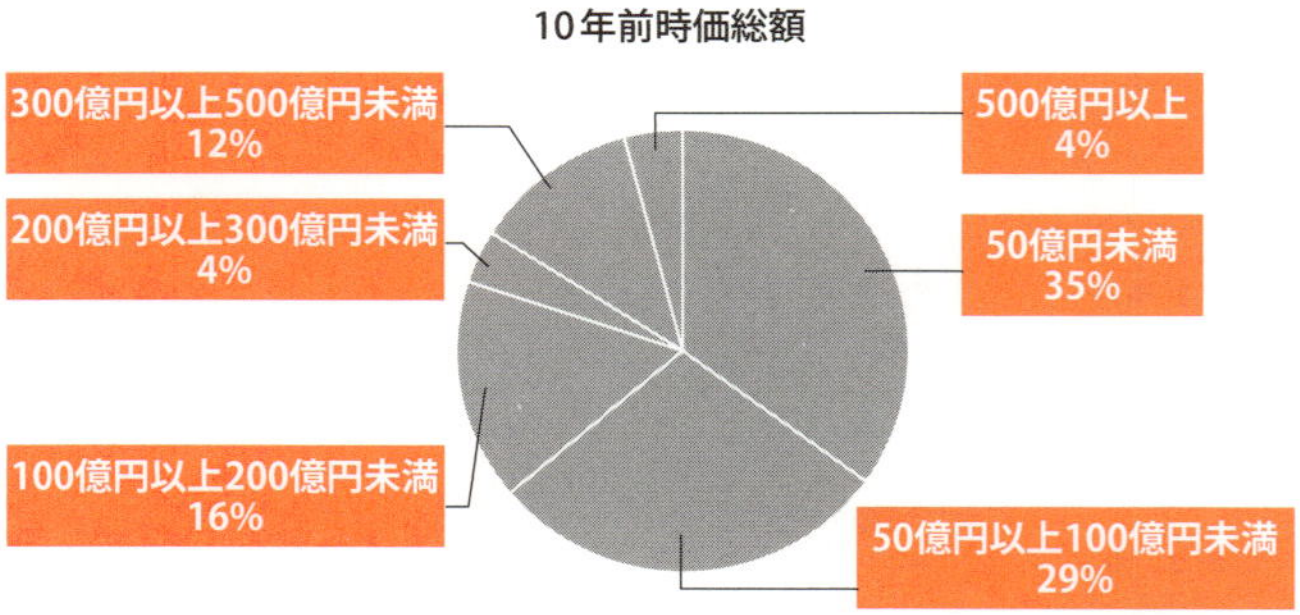

（出所）複眼経済塾

6 増資や株式分割を行っている

ここまでは、私の経験で、10倍株候補として目安になる４つのポイントについて解説してきた。これらのポイントに加え、さらに意識しておきたいことについても説明しておこう。

まず１つ目は、増資や株式分割についてだ。増資は、新たな株の発行で資金調達するなどして資本金を増やす。一方の株式分割は、すでに発行されている株を細分化して発行済株式数を増やすこと。資本金は変わらないため、株数が増える分、１株当たりの単価は低くなる。

増資の場合は、希薄化によって株価が下がると懸念する人もいるが、まったくのナンセンスだと思う。なぜなら、成長のために増資をするわけなので、本来はその姿勢に注目すべきだからだ。増資で得られた資金を元手に業績拡大が続けば、企業価値が上がって株価は上昇するだろう。

一方の株式分割も、最低投資金額が下がることによって、その銘柄に手を出せなかった投資家からの資金が流入しやすくなる。その意味で、株式分割は株価の上昇につながりやすい。

ちなみに株式分割の逆で、株式併合もある。株式併合とは簡単にいえば、「複数株の株式を1株に統合することで、発行済み株式数を減らす方法」だ。表現が正しいかどうかはわからないが、**私は株式併合には「撤収」、株式分割は「成長」や「発展」というイメージをもっている**。どちらがよいのかという話は何を基準にするかによって判断が変わるが、株価の上昇期待という基準では成長イメージのある「株式分割」を実施する企業に軍配が上がるだろう。

「株式分割」を行った企業は、四季報の【資本異動】欄に「分1→2」などと記載されている。「分1→2」の場合は1株が2株に分割されて発行済み株式数が2倍に、理論株価は2分の1になるということだ。

例えば株価1000円で100株の銘柄を1対2分割すると、株価は500円で200株の株数になり、投資家にとっては分割前後で時価総額の変化はないことになる。このように分割によって「権利落ち」した分を、時価に反映させたものを「修正株価」と呼ぶ。

図表2-5 【資本異動】欄

年月	【資本異動】	万株
01.11	分1→4	2
02.11	分1→2	4.1
13.10	分1→100	413
17. 4	分1→2	826

（出所）『会社四季報』2018年2集春号「エックスネット（4762）」より

トヨタ自動車（7203）については第3章でくわしく解説するが、修正株価チャートでは1950年6月の安値23・5円から始まり、2015年3月につけた高値8783円で株価は約12万7300倍になっている。これは株価の上昇と言うよりも、株式分割を繰り返し、株数が約340倍になった影響が大きい。ソニー（6758）も同様で、修正株価で1000倍になる過程で株式分割を8回行っており、その分割によって株数は当初から約38倍に増加しているのである。

株式分割はいいかえれば、株価が上がっているから分割する、ということにもなり、株価上昇の目安になる。**設立も上場も間もない会社で、株式分割を行っているのであれば、それだけで注目するに値する。**その後、株価が上がれば、さらに2回目、3回目の分割を行う可能性があるので、最初の100株が200株、400株、800株……と加速度的に価値を高めていくのを期待したい。

7 PSR、PER、PBRの高さは気にしなくてもいい

戦後の元祖ベンチャー企業・ソニー（6758）は古い四季報で確認できる最安値150円（公開から3カ月後の1955年11月）から約3年後には10倍、約5年半後には100倍と急成長した。その後も1000倍、1万倍と急騰し、2000年2月につけた最高値では、安値に対して1万8000倍の株価を記録し、とんでもない大化け株となった。

なお、ソニーは過去、株式分割を何度か行っている。分割によって1株当たりの株価は下がるが、所持する株数は増えているので、投資家にとっては分割前後で保有している株の時価総額は変わらない。

そのため、前述の株価の比較は実際の市場での株価ではなく、このような株式分割を考

慮した実質価値の修正株価で比較している。

図表２−６は、ソニーのＰＳＲ、ＰＥＲ、ＰＢＲの変化を表したものだ。それぞれの値については次のように計算する。

・実績ＰＳＲ（株価売上高倍率）　企業の価値を売上高との関係から見た指標。想定時価総額÷前期売上高で算出。＊四季報には未掲載

・実績ＰＥＲ（株価収益率）　１株当たり利益に対し、株価が何倍まで買われているかを表した指標。想定時価総額÷前期純利益で算出

・実績ＰＢＲ（株価純資産倍率）　１株当たりの純資産から株価の割安性を判断する指標。想定時価総額÷前期自己資本で算出

ただし古い四季報には「時価総額」「純利益」「１株当たり利益」「１株当たり純資産」などの表記がないため、ここは筆者独自の計算によるデータを用いた。正確な数値ではない可能性がある点はあらかじめご了承いただきたい。

図表２−６からわかることは、１９５５年から１９７２年の平均で、実績ＰＳＲは４・８倍、実績ＰＥＲは92倍、実績ＰＢＲは16倍と算出できた。もし「ＰＥＲの低いほうが割

図表2-6　ソニーのPSR、PER、PBRの変化

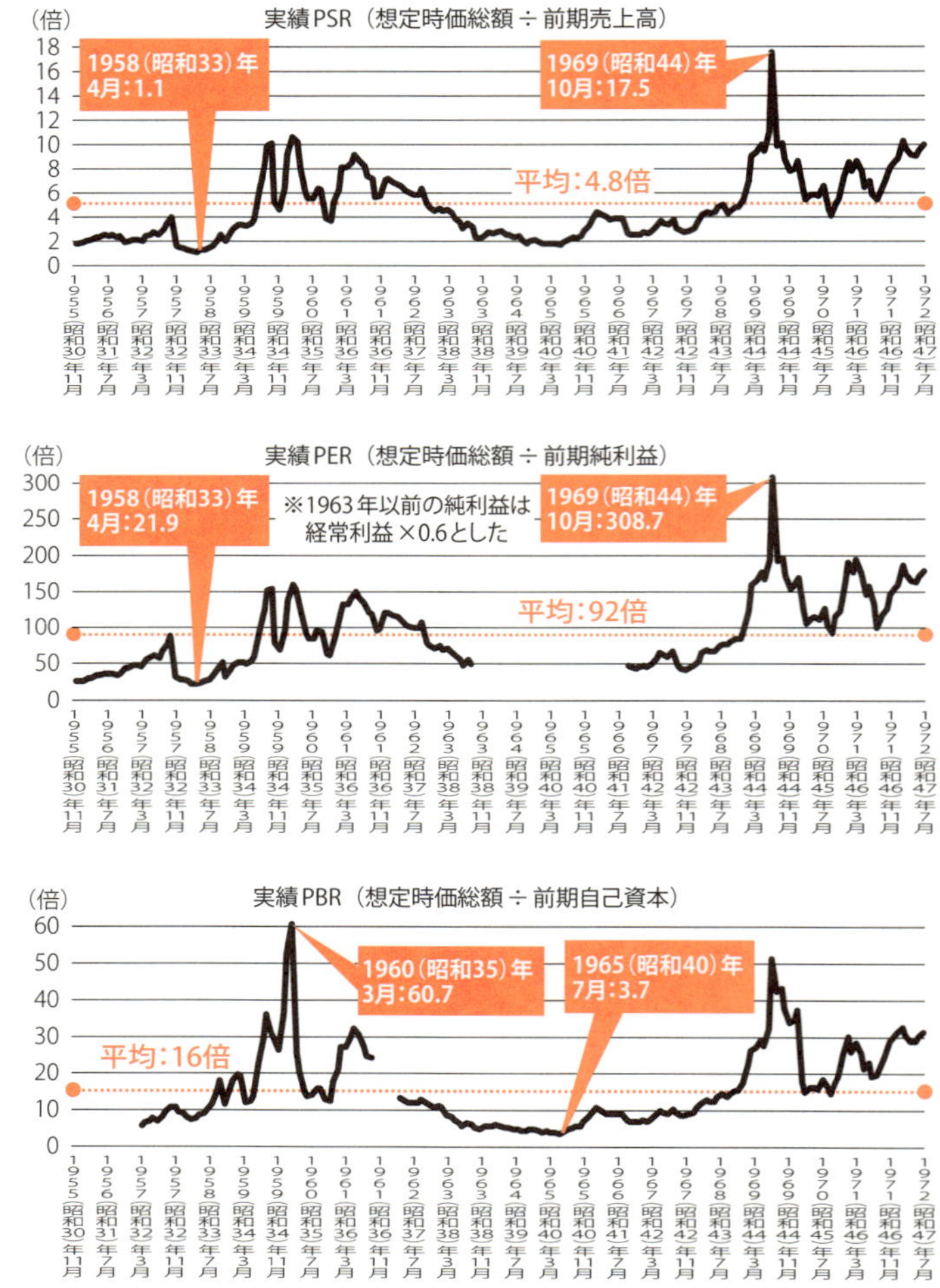

（出所）複眼経済塾

図表2-7　過去6カ月の大型株の上昇ランキング

コード	銘柄	株価（円）	時価総額（億円）	6カ月リターン	今期PER（倍）	PBR（倍）
4922	コーセー	22,510	13,639	78.8%	47.0	7.8
8028	ユニー・ファミリーマートHDS	9,020	11,429	58.0%	34.6	2.2
4911	資生堂	6,844	27,376	56.3%	50.7	6.5
2413	エムスリー	4,785	15,498	51.4%	81.5	23.2
6506	安川電機	4,855	12,948	40.5%	33.2	6.5
4568	第一三共	3,553	25,191	37.8%	50.4	2.0
4927	ポーラ・オルビスHDS	4,385	10,048	32.3%	35.9	4.9
平均				50.7%	47.6	7.6
TOPIX				2.1%	14.7	1.3

（注）2018年4月2日終値現在
（出所）複眼経済塾

安」などという感覚をもっていれば「超割高」である。

しかし、これら3つの指標は、株価が割高か割安かを相対比較する際に使われる一方で、利益の期待値という一面も持ち合わせていることを忘れてはいけない。

つまり、これらの指標が一見、超割高に見えるのは、裏を返せばソニーの成長期待が高かったことを織り込んだと解釈できる。

ソニーの過去に学べば、もし**「割高か・割安か」の比較指標だけで判断していれば、急成長株に投資する機会を逃していたはずだ**。

2018年4月2日終値現在で、6カ月株価リターンでパフォーマンスがよかった銘柄のPERやPBRの水準がどのようになっているかを見てみたい（図表2−7）。四季報オンラインのスクリーニング機能を使って6カ月間における、時価総額1兆円以上の大型株の上昇率ランキングを確認してみた（市場平均のＰＥＲとＰＢＲの数値は四季報には記載がないため、日本経済新聞のデータを確認してほしいが、現在の東証株価指数（ＴＯＰＩＸ）の平均ＰＥＲ、ＰＢＲはそれぞれ約15倍、約1・3倍となっている）。

ここにあげた銘柄はＴＯＰＩＸが2・1%しか上昇していない中で、平均で50・7%とＴＯＰＩＸを大幅に上回る上昇を見せているが、それらの銘柄の平均ＰＥＲは約48倍、ＰＢＲは7・6倍とそれぞれＴＯＰＩＸ平均より大幅に上回る高い水準になっている。株価上昇によるＰＥＲとＰＢＲの切り上がりを考慮しても、すでに6カ月前の段階で、これらの銘柄の多くは株価指標的には割高な銘柄だったのだ。これは完全に**「ＰＥＲが低い株を買え！」ではなく、真逆の「ＰＥＲもしくはＰＢＲが高い株を買え！」**になっていたのだ。

8 買いは分散投資。売りはストーリーで決める

【買いの基本】20銘柄を目指して分散投資

「テンバガー（10倍株）」という言葉を世に広めたピーター・リンチ氏は1977年から1990年までの13年間、NYダウが約3倍の上昇にとどまる中、フィデリティのマゼラン・ファンドの基準株価を約28倍まで上昇させた伝説のファンドマネジャーである。

その彼が、投資のポイントは「銘柄は、たくさん持つ」ことだといっている。実際、彼のファンドは1400もの銘柄に投資をしていたそうだ。

もちろん、私たちがそんなに買えるわけはないので、20銘柄ぐらいに分散して投資することがよいのではと考えている。〝投資の神様〟ともいわれるウォーレン・バフェットぐ

らい自信があるのなら、銘柄を絞った集中投資でよいが、一般的な個人投資家には難しい。それならば、複数銘柄に分散投資をして、リスクを減らしたほうが安心だろう。例えば**同程度の金額ずつ20銘柄に投資**していれば、そのうち仮に1つの会社が倒産して株価がゼロになっても、全体としては5％のマイナスにしかならない。逆に1銘柄でも10倍株が生まれれば、投資額にもよるが、トータルとして相当なプラスになるはずだ。

まずは、四季報を参考に4つのポイントを念頭に、自分の手で10倍株候補として最低20銘柄は探してほしい。ただし、やみくもに銘柄を増やすのではなく、きちんと分析をした上で選ぶことが重要だ。**自分で調べて、納得した銘柄なら何銘柄でも買っていいが、自信がないなら買わないほうがまし**である。

【売りの基本】ストーリーが崩れたときに売る

注意しなければいけないのは、銘柄を売るタイミングだ。多くの人は、「株価が上がったら売る」「下がったら売る」と考えがちだが、それは違う。その銘柄を最初にもつとき、どのような想いで成長のストーリーを考えたのかを思い出してほしい。**売るタイミングは、そのストーリーが崩れたときだ。**

例えば成長株の目安である「毎年増収率20％以上」というストーリーを想定して買った

場合、株価が下がったからという理由で売ってはいけないが、増収率に鈍化の兆しが見えて、20%以上という想定が崩れたときには売ったほうがいい。

大事なのは、数字や会社の方向性について、3カ月に1回発売される四季報や、四半期ごとの決算発表で、自分の保有銘柄の状況を確認することで、気になることは会社に直接電話したり、会社訪問をしたりして聞いてみてもよい。

もちろん前提として、**子どもにも理解できるぐらい、明確なストーリーをもっていることが必要だ**。そのためにはしっかり、その会社の魅力、成長性、弱点などを整理しておくこと。その上で定期的な定点観測を怠らず、自分の思い描いたストーリーと向き合ってほしい。

9

10倍株を探すときのポイントまとめ

10倍株を探すときにヒントとなる4つのポイントは、まとめると以下のようになる。

①成長性が高い＝増収率が高い

※3期前から今期の増収率平均もしくは来期増収率20％以上

②売上高営業利益率　10％以上

③オーナー企業であること

④上場5年以内

四季報オンラインのスクリーニング（有料サービス）で、右の条件を当てはめると、10

倍株の候補となる銘柄を絞り込むことができる。スクリーニングの具体的な手順については、第5章で説明する。ただし、「オーナー企業」のスクリーニングはできないので、この点については四季報で1社ずつ確認することが必要だ。

参考までに２０１８年4月現在、この条件に当てはまる銘柄の一例を図表2-8に示しておく。

ちなみに四季報２０１８年2集春号では、博展《はくてん》（２１７３）のコメントに「【子会社】サスティナブルブランド国際会議を主催」とあり、はじめて「サスティナブル」というキーワードが目についた。「サスティナブルブランド」とは、「サステナビリティ（持続可能性）」を経営の根幹に取り入れ、自社の競争力やブランド価値を高める取り組みなのだという。

２０１５年に国連サミットで採択されたものに、「ＳＤＧｓ（エスディージーズ）のための２０３０アジェンダ」というものがある。ＳＤＧｓとは「Sustainable Development Goals（持続可能な開発目標）」の略で、国連に加盟している１９３カ国が２０１６年から２０３０年までの15年間で達成したい目標を掲げたものだ。具体的には大きく17の目標に分けられているのだが、これらのテーマが今回10倍株の候補としてスクリーニングした企業のいくつかと合致していたのは興味深い。

例えば「ジェンダー平等を実現しよう」という目標では、女性活躍推進も含めた研修受

図表2-8　10倍株の4つのポイントでスクリーニング

①「3期前から今期」および「来期」増収率20%以上、②今期売上高経常利益率10%以上（今期売上高営業利益率の代替）、③オーナー企業、④上場5年以内
リストは2018年4月3日終値現在で来期予想PERが低い順

コード	企業名	4/3株価	時価総額（億円）	来期予想PER	3期前～今期増収率	来期予想増収率	売上高経常利益率	オーナー	上場年月
6191	エボラブルアジア	2,196	381	29.3	36.8	41.84	21.28	オーナー	2016年3月
3989	シェアリングテクノロジー	2,625	160	34.9	76.08	52.27	10.23	オーナー	2017年8月
6556	ウェルビー	1,223	325	40.1	32.62	20.77	24.15	オーナー	2017年10月
3415	TOKYO BASE	1,442	679	42.4	40.89	30.4	13.76	オーナー	2015年9月
6200	インソース	5,180	442	63.1	23.82	23.91	19.57	オーナー	2016年7月
3998	すららネット	7,000	87	72.7	22.34	24.18	17.58	オーナー	2017年12月
6184	鎌倉新書	3,745	345	75.1	24.25	22.73	23.18	オーナー	2015年12月
3694	オプティム	2,461	339	80.7	23.01	20	10	オーナー	2014年10月

（注）2018年4月3日終値現在
（出所）複眼経済塾

託が増加し、「働き方改革」の追い風を受けている「インソース」(6200)。「質の高い教育をみんなに」という目標では、オンライン学習教材を手がける「すららネット」(3998)。「人や国の不平等をなくそう」では、就労希望障害者に職業訓練や求職活動の支援を行っている「ウェルビー」(6556)などがある。

このようにポイントを絞って四季報オンラインでスクリーニングし、さらに四季報をめくって詳細を見ていくと、トレンドのテーマに気づくこともできる。四季報オンラインと紙の四季報の合わせ技で効率よく、かつ楽しみながら10倍株を見つけてみてほしい。

第3章

【事例編】
10倍株は こうして見つけろ

1 RIZAPグループ——変遷をたどって大化けの背景を知る

ビジネスモデルの転換でV字回復

四季報2018年1集新春号に掲載されていた「時価総額ランキング」は、非常に有益な情報の宝庫だった。この表では、2007年10月31日から2017年11月27日までの10年間で時価総額が大きく膨らんだものをランキングで紹介していたのだが、1位に輝いたのは、RIZAPグループ（2928）の238・8倍だった。

そこでRIZAPグループについて同社の株価チャートを確認しながら、大化けした変遷を検証していきたい。なお、このチャートは株式分割などの影響を考慮した「修正株価」で、株価を示す縦軸は「対数表示（＝1目盛り上がるごとに株価が10倍）」になっている

図表3-1　RIZAPグループの事業モデルと修正株価（2006年～2018年）

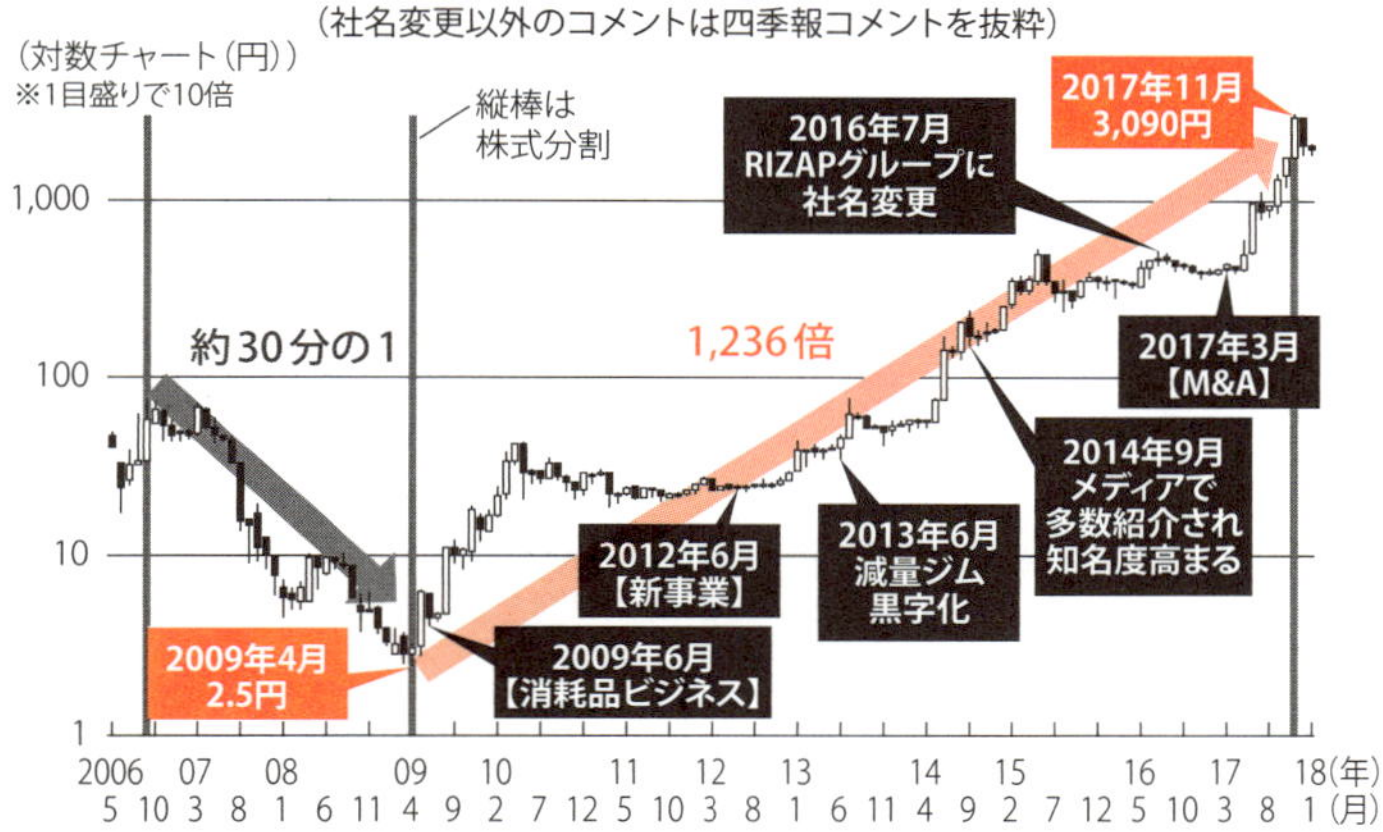

（出所）複眼経済塾

ことに注意してほしい。

RIZAPグループの株価はランキングでは238・8倍となっているが、修正株価を用いている図表3-1のチャートを見ると、2009年4月の安値から2017年11月の高値3090円まで1236倍に大化けしたことがわかる。一方で上場後間もなくして、株価が30分の1になる厳しい局面も経てきたことが見て取れる。

もともとは2006年5月、「健康コーポレーション」という社名で札幌アンビシャス市場に上場し、四季報にはじめて登場したのは、翌6月発売の2006年3集夏号だった。同四季報の【特色】欄には「『豆乳クッキーダイエット』が売り上げの9割強と依存度が高い」と書かれ、コメント欄には「単一ブランドの依存度高いが、当面は主力製品の知名度向上を最優先」と書かれていた。

当初は単品販売で突っ走っていたが、２００５年３月期の売上高9億円を2年後の２００７年３月期には１０７億円まで12倍に拡大させるなど急成長していたこともあり、先行き期待から上場初値は公募価格5万６０００円に対して約３・５倍の19万４０００円と好スタートを切った。

上場から1年ほどは株価も堅調に推移していたが、２００７年4集秋号に「『豆乳クッキーダイエット』は、類似品急増に加えエクササイズＤＶＤの大ヒットが痛手で下降線」とコメントされ、株価も下げ始める。このＤＶＤとは、おそらく当時ヒットした他社製品である『ビリーズブートキャンプ』のことだろう。

株価が下落中の２００８年３月決算期は、売上高は47％増収の１５７億円を達成。一方で営業利益は上場初となる０・４億円の営業赤字に陥ったことで株価はさらに続落し、ついに当時の高値から30分の1の水準まで売り込まれることになった。

２００９年３月期決算では、売上高は56％減収の70億円と、前の期の半分以下まで落ち込んだ。しかし営業利益は３・６億円の黒字に転換し、「大幅減収・黒字転換」を果たしたことで株価は同年４月に上場来最安値をつけた後、反転する。

本格的な株価上昇の要因は、四季報2009年3集夏号のコメント「【消耗品ビジネス】美顔器は本体を低価格に抑え、定期購入の化粧ジェルで利幅稼ぐ消耗品ビジネス」で読み取れる。つまり、**ビジネスモデルを大転換させたことが功を奏した**のだ。

この消耗品のビジネスモデルは、機器を販売したときにだけ売り上げを計上するのではなく、販売後の使用が見込まれる消耗品で継続的に利益を稼ぐストック型のモデルだった。事務機器の最大手キヤノン（7751）がプリンターの販売ではなく、継続的に売り上げが立つ消耗品のトナーで稼いでいるのと同じモデルである。

さらに2009年4集秋号のコメントは「【反省】一発屋で終わった豆乳クッキーの反省から社長直轄で商品開発に注力、波状的に投入。次の目玉は低価格の消耗品ビジネス型家電」。ここからも、**ビジネスモデルを完全にストック型に転換**したことがうかがえる。

M&Aを積極的に活用して成長

次の転換点は、2012年3集夏号のコメント「【新事業】個人指導型の会員制減量トレーニング事業化、東京・神宮前に1号店」に表れている。これがのちに「結果にコミットする」ことで有名になった「ライザップ」の誕生である。

1年後の2013年3集夏号では「新たな柱の減量ジムも客数順調に伸び黒字化」とコ

メントされ、ライザップの黒字化をきっかけに２０１０年から3年ほど横ばいだった株価も高値を抜けて再び上昇基調に入った。２０１４年4集秋号では「【ライザップ】入会金5万円、2カ月基本コースの料金が約30万円。減量事例がメディアで多数紹介され知名度高まる」とコメントされ、かの有名なあのテレビCMを誰もが認識するようになった。

その後、さらに株価の上昇を加速させたのが２０１７年2集春号のコメント「【Ｍ＆Ａ】積極化方針だが赤字会社の買収中心でのれん資産は低水準」にある、「Ｍ＆Ａ」というキーワードだ。

実はＲＩＺＡＰグループが買収したのは、ほとんどが割安に放置されていた上場会社だった。具体的にはインテリア雑貨や旅行用品等の企画、卸・小売りのイデアインターナショナル（３１４０）、北海道でゲーム、ボーリング場を展開するＳＤエンターテイメント（４６５０）、女性用体形補正下着のマルコ（９９８０）、カジュアル専門チェーンのジーンズメイト（７４４８）、和装・洋装の堀田丸正《ほったまるしょう》（８１０５）などである。

これらの買収によって売り上げを拡大しながら、次々にシナジー効果を狙う成長段階に入っていくのだった。

このように見てくるとＲＩＺＡＰグループが急成長した要因として、クッキーダイエットのみの「1本足打法」から「消耗品ビジネス」というストック型ビジネスに大きく転換したことと、さらなる成長へ向けて「M&A」を積極的に活用したことが見えてくる。

そして株価の大底は、業績が大きく落ち込んだところから**「減収・黒字転換」のタイミングだったのもわかる**だろう。

「四季報アーカイブ（オンラインの有料サービス）」を活用して過去の四季報記事を参照し、その企業のこれまでの変遷を調べれば、株価の背景が見えてくる。同じようにほかの成長銘柄でも、その理由を探ってみてほしい。

2

ソニー
——元祖ベンチャーから投資の極意を知る

過去の記事から当時の状況を知る

四季報を使った10倍株探しで、私がよく参考銘柄として紹介しているのが、戦後の元祖ベンチャー企業・ソニー（6758）だ。米アップルの創業者のひとりであるスティーブ・ジョブズ氏がソニーに憧れていた逸話は有名で、特にソニー創業者の1人である盛田昭夫からは大きな影響を受けていたとされる。

古い四季報をめくりながら、そのソニーの黎明《れいめい》期から成長期を知れば、テンバガーを超える成長株投資の極意も見えてくるだろう。今でも当時の状況をイキイキと感じられるのは、四季報が80年以上もの長きにわたり継続的に企業を調査していることと、そしてその過去の記事を四季報オンラインで手軽に見ることができるおかげである。まずはソニーの歴史について、会社ホームページを参考にまとめてみよう。

ソニーは戦後間もない1946（昭和21）年5月、資本金19万円、従業員数約20人の小さな会社「東京通信工業」（現ソニーの前身）を、東京日本橋「白木屋」（現コレド日本橋のある場所）内に設立したところを起点としている。

事業は会社設立前からラジオの修理と改造を手がけていた。当時、戦争で壊れたラジオや、戦時中、敵の放送を聞くことができないようにと短波を切られたラジオがたくさんあった。一方で、戦後の世界状況やニュースを聞きたい国民のニーズは強く、ラジオの修理と改造の需要は盛況だったようだ。

次に「電気炊飯器」をつくったが、うまくいかず失敗作第1号の〝記念すべき商品〟となるが、その次につくった「電気ざぶとん」は売れに売れたそうである。

成長期の幕開け――世界初や日本初の製品を連発する

ソニー創業者のひとりである井深大《まさる》氏は会社設立に先立って「東京通信工業株式会社設立趣意書」を起草した。その内容は自由闊達《かったつ》で活気あふれるベンチャーそのものの空気を強く感じるもので、今もソニーの原点として受け継がれているそうだ。

その内容は会社ホームページで読むことができるが、会社設立の目的や経営方針には以下のような文章が並んでいる。

・真面目なる技術者の技能を、最高度に発揮せしむべき自由闊達にして愉快なる理想工場の建設

・不当なる儲け主義を廃し、あくまで内容の充実、実質的な活動に重点を置き、いたずらに規模の大を追わず、経営規模としては、むしろ小なるを望み、大経営企業の大経営なるがために進み得ざる分野に、技術の進路と経営活動を期する

・極力製品の選択に努め、技術上の困難はむしろこれを歓迎、量の多少に関せず最も社会的に利用度の高い高級技術製品を対象とす

ソニーの歴史を続けると、1947（昭和22）年1月、本社と工場を東京都品川区御殿山に移転。このころから「日本初」や「世界初」となる画期的な製品を次々と世の中に送り出し始める。成長期の幕開けだ。

・1950（昭和25）年5月、日本初のテープレコーダー「G型」受注販売を開始

・1955(昭和30)年2月、東通工製品にSONYのマークを使用することになり、同年8月に東京店頭市場に株式を公開し、さらに同年9月に日本初のトランジスタラジオ「TR-55」を発売

・1958(昭和33)年1月、社名をソニー株式会社に変更、同年12月、東京証券取引所1部に上場

・1960(昭和35)年2月に米国にソニー・コーポレーション・オブ・アメリカを設立し、翌年6月には日本企業としてはじめて米国で米国預託証券(ADR)を発行

その後は1963(昭和38)年に世界初のトランジスタ小型VTR「PV-100」発売、1966(昭和41)年銀座・数寄屋橋角にソニービルを開設、1967(昭和42)年世界初のICラジオ「ICR-100」発売、1968(昭和43)年CBSソニー設立、同じくその年に〝トリニトロン〟カラーテレビ「KV-1310」の発売と続く。そして1970(昭和45)年9月、ニューヨーク証券取引所にも上場を果たしたのだった。

株価はいつ〝爆発〟したか

続いて今度は古い四季報記事を参考に、ここまでのソニーの状況を確認したい。株価の

図表3-2　ソニーの修正株価（1955年～ 1972年）

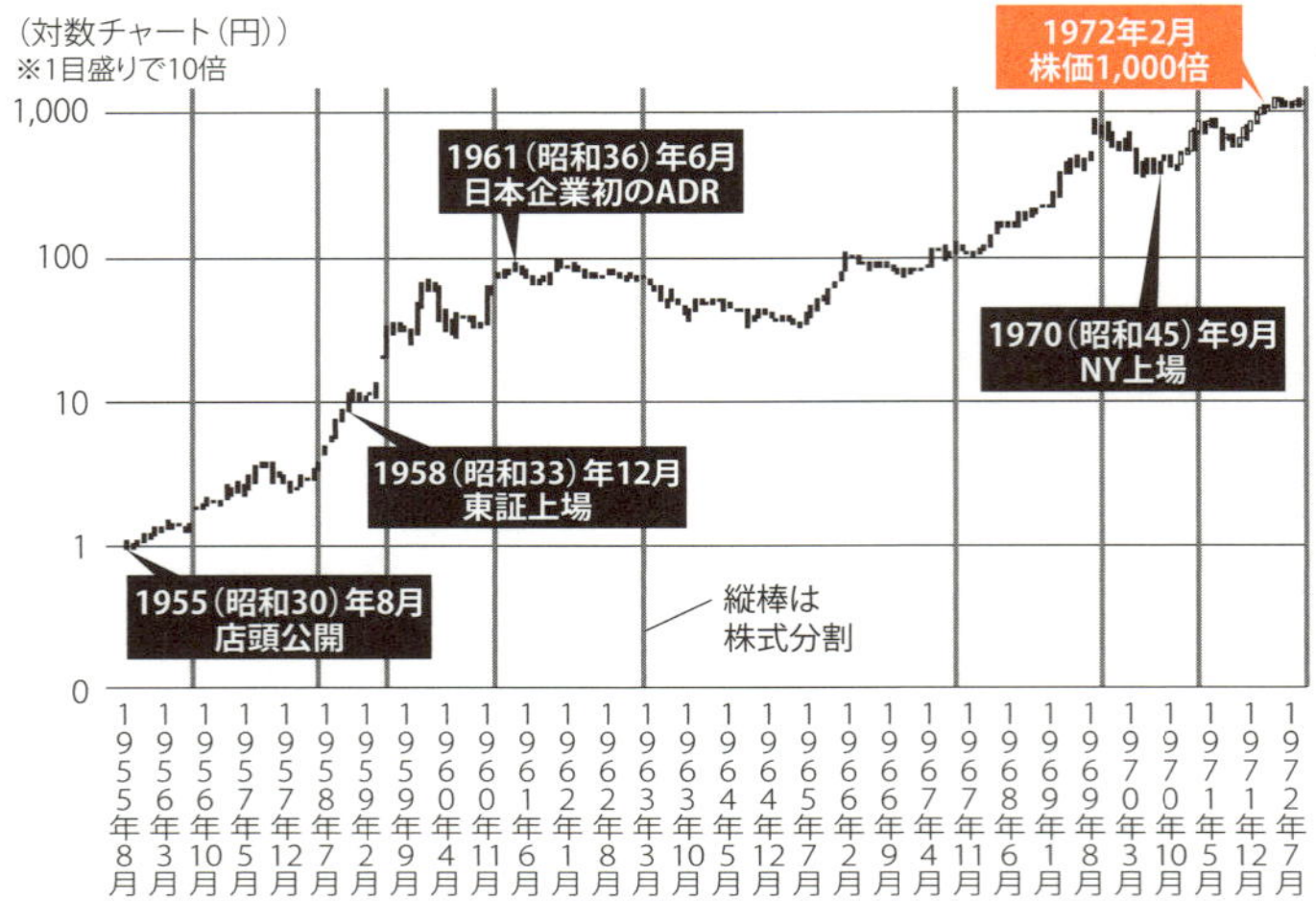

（出所）複眼経済塾

動きについては、株式分割で株数が増加していくのを修正した「修正株価」を使って検証している。図表３−２のチャートは、四季報で確認できる最安値１５０円（公開から３カ月後の１９５５〈昭和30〉年11月につけた）を起点に、株価が何年何月に何倍になったかを表したものだ。

このチャートからわかるのは、株価10倍を突破したのは東証１部に上場した１９５８（昭和33）年12月。株価が１００倍になったのが、米国でＡＤＲ（米国預託証券）を発行した１９６１（昭和36）年６月だったことだ。

これはいずれも、会社として大き

な転換点に差しかかるタイミングで、同時に株価も大きな節目を突破しているのは興味深いところである。ちなみに株価が安値から10倍もしくは100倍になるのにかかった年月は、それぞれ3年1カ月、5年7カ月だった。

さらに1000倍を突破したのは、NY上場から1年5カ月後の1972(昭和47)年2月で、安値から16年3カ月後である。もっといえば1万倍を突破したのは、犬型ロボット「AIBO(アイボ)」(現在販売されているのはaibo)の発売から5カ月後の1999(平成11)年11月であり、安値から44年後だった。

このころの相場はITバブルの絶頂期に入りつつあり、ソフトバンクやインターネット関連株、エレキ関連株は軒並み株価が高騰。ソニーもご多分に漏れず、さらに高騰していった。2000(平成12)年2月につけた修正前株価の最高値は3万3250円で、安値に対して株価は1万8000倍を超えて〝大化け〟したのだった。

ちなみに1950(昭和25)年5月に発売した日本初のテープレコーダー「G型」は重さ35キロ、値段も16万円と庶民が手を出すには難しいものだったため、ほとんど売れなかったそうだ。

ただ仮に**テープレコーダー「G型」の値段16万円のうち15万円を、安値150円のソニー株に1000株投資していたらどうなっていただろう。45年後の2000年の高値でそ**

の価値は27億円となり、億万長者になっていた計算である。

捕らぬたぬきの皮算用ではあるものの、**「その会社の製品を買うよりも、その会社の株を買っておけ」という相場格言を正当化する**結果になっているのもおもしろいと思う。

もう一つ注目すべきは、最初に株価が10倍になるのに3年1カ月、さらに10倍の水準から100倍になるのに2年6カ月というように、10倍ずつ上昇していくスピードである。株価1000倍までは割と短期間で達成しているが、100倍から1000倍になった「10倍」は10年8カ月、1000倍から1万倍になった「10倍」は27年9カ月かかっている。

つまり事業が立ち上がって、企業が急成長するタイミングでの株式投資は、スピード感と株価の上昇の両方で醍醐味《だいごみ》があるということである。一方で、大企業になってくるとテンバガーになるのに10年から30年の期間を見なければならないということであり、大型株投資のテンバガー狙いはかなりの長期戦ということになる。

ベンチャー時代のソニーは四季報にどうコメントされていたか

では気になる、株価が1000倍以上に急成長していた、ベンチャー時代のソニーの四季報コメントや企業業績はどうなっていたのだろうか。古い四季報をめくりながら、四季報コメント、業績、株価バリュエーションの順番で、当時ソニーがどのような状況だった

図表3-3　四季報にソニー（当時：東京通信工業）が初登場

東京通信工業

【設　立】昭和二十一年五月
【決算期】四月　十月
（本　社）品川区北品川六の三五一（電大崎(49)〇二六六(代)）
（株式課）同右
（工　場）仙台工場、塩釜一八二七
【事　業】電気通信機、電気測定器及び電気器具の製造販売
【主要取引銀行】三井、興銀

【新分野開拓】昨夏、店頭取引が開始された新進の場外株である。事業は、テープレコーダーで独占的地位を占めることと、トランジスター（真空管に替る高性能の機器）で新分野を開拓しているので注目される。
【成績順調】成績は順調で二割配当を続け、今四月期は増収、増益が予想されている。

【授権資本株数】
【既発行株数】（50）　2,000,000
【資本金】　100,000
【再評価積立金】　3,394
【株　主】30.9　5,713名
盛田株式会社　256,200
三井銀行　100,000
盛田昭夫　80,000
野村長一　67,000
【重　役】会長　万代順四郎
社長　井深大　専務　盛田昭夫　常務　笠原功一　太刀川正三郎　樋口晃　取締　迫田俊郎　岩間和夫

【業　績】

	利益	同率	配当
29.10	29,384	11.7	2.0
30.4	37,047	7.4	2.0
30.10	45,406	9.0	2.0

	売上高	同利益率
29.10	265,376	1.1
30.4	340,733	1.1
30.10	356,244	1.3

【株　価】

	最高	最低	出来高
30.11	180	150	162.7
30.12	172	154	164.1
31.1	176	162	170.1
31.2	200	167	175.1

（非上場株）

（出所）『会社四季報』1956年2集春号

かを確認していってみよう。

まずはソニーが四季報にはじめて登場するところから始めたい。初登場は1956（昭和31）年2集春号で、社名はまだ「東京通信工業」だった。その記念すべき四季報コメントは以下のとおりだ。

【新分野開拓】昨夏、店頭取引が開始された新進の場外株である。事業は、テープレコーダーで独占的地位を占めることと、トランジスター（真空管に替る高性能の機器）で新分野を開拓しているので注目される。

【成績順調】成績は順調で二割配当を続け、今四月期は増収、増益が予想されている。

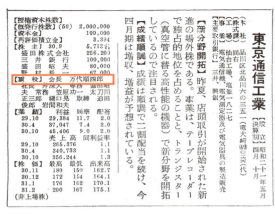

今回古い四季報でソニーを調べて感じたのは、この一文に銘柄選びのヒントがたくさん詰まっているということだ。

まとめると、**「新進」の企業で、「独占的地位」にあり、「新分野を開拓」し、「成績（業績）順調」で、「配当」を維持し、「増収増益」だったことがポイントである。その後の四季報でも、「売上急増」「増収増益」「成績続伸」などのコメントが並び、業績が好調だっ**たことを伝えている。

二人三脚でうまくいくパターンも

もう一つ注目したのが経営陣である。経営陣は現在の四季報では【役員】欄で確認できるが、当時は【役員】ではなく【重役】となっていた。かなり時代を感じさせる言葉だが、そこには「会長万代順四郎、社長井深大、専務盛田昭夫」と記載されている。

ソニーの経営陣といえば、名コンビの経営者井深氏と盛田氏の印象が強いだけに、「会長の万代ってどなた？」と感じる方もいるのではないか。私もその１人だが、万代《まんだい》順四郎氏は戦前に帝国銀行の頭取を務め、のちに全国銀行協会連合会会長に就任する経済界の大物である。

帝国銀行は１９４３（昭和18）年、同じ三井組をルーツにもつ三井銀行と第一銀行が合併して設立され、当時としては日本最大の都市銀行だった。創業間もないソニーにとって、元帝銀頭取だった万代氏の後ろ盾は大きかったはずで、実際に当時の大株主第2位に三井銀行が入っているのも、その関係によるものと考えられる。

ちなみに合併した2行は戦後再び分割され、帝国銀行はのちに旧称の三井銀行に戻って現在は三井住友フィナンシャルグループに、第一銀行は第一勧業銀行を経て現在はみずほフィナンシャルグループに引き継がれている。

その後もしばらくは井深・盛田氏以外の会長が存在したが、ニューヨーク上場からしばらくたった1971年3集夏号四季報から「井深会長―盛田社長」の体制になった。そのときの四季報コメントが「【トップ】会長―社長コンビとなるが、路線は変わらず」となっていることから、実務的には井深・盛田両氏が取り仕切ってきたことがうかがえる。

10倍株を探すポイントとして、「オーナー経営者で筆頭株主」を第2章であげた。これは1人の経営者を想定したものだが、ソニーのような**「経営コンビの二人三脚」でうまくいくパターンもある**。ソニー以外で有名なところは、本田技研工業（ホンダ、7267）の成長を支えた本田宗一郎氏と藤沢武夫氏のような成功している事例もある。

新しいところでは、航空券の予約サイト「エアトリ」を運営するエボラブルアジア（6191）にも注目だ。第2章の図表2-8で10倍株候補としてあげている。代表取締役社長の吉村英毅氏と、取締役会長の大石崇徳氏が共同して設立した会社だ。

同社は、国内線大手のＪＡＬやＡＮＡはもちろん、ピーチやバニラエア、スカイマーク、ジェットスターなど格安航空会社も含め計14社と提携。国内線の航空券を一括して比較できる利便性をうたい、取扱数のシェア拡大を目指す。

また航空券の予約を入り口に、さらなる顧客を取り込もうと、ホテル予約サイトも開設し、さらに民泊サイトも準備中だという。国内航空券予約の市場規模は１・５兆円といわれ、２０１７年9月期の取扱高４０３億円を、２０２０年までに１０００億円へ増やすことを目指している。今後まだまだ伸びる可能性はあるだろう。

筆頭株主は大石会長で、四季報２０１８年2集春号によると持ち株比率は約38％。次いで、吉村社長の持ち株会社「吉村ホールディングス」が約18％を保有している。２人は仕入れ・営業担当（大石会長）と、販売やシステム開発担当（吉村社長）に役割がわかれていて、大石会長のほうが一回りほど年上なのだが、お互いによい関係性を保っている様子が株主総会でうかがい知れる。

最初の株価10倍――業績と株価の伸びの一致が重要

ソニーに話を戻そう。次に株価の上昇と業績の数字について確認してみよう。店頭公開

図表3-4　ソニーの株価倍率と業績

日付	安値からの株価倍率	出来事	売上高（百万円）	経常利益（百万円）	経常利益率
1955年8月		店頭公開	697	82	11.8%
1955年11月	1倍	四季報で確認できる最安値	1,208	90	7.5%
1958年12月	10倍	東証上場	7,795	862	11.1%
1961年6月	100倍	日本企業初ADR	16,042	1,576	9.8%
1972年2月	1,000倍		206,366	31,357	15.2%

（売上高・経常利益：697→7,795　10倍、82→862　10倍／株価倍率：10倍→100倍　10倍、100倍→1,000倍　10倍）

（注）株価倍率は修正ベース、各出来事の決算期（10月決算）の数字
（出所）複眼経済塾

時をはじめとして、四季報で確認できる最安値をつけた1955（昭和30）年11月、修正株価で安値から10倍、100倍、1000倍になったときの、会社の出来事とその期の売上高と経常利益をまとめてみた（図表3-4）。

なお、店頭公開とは証券取引所に上場するための登竜門的な位置づけであった。株が店頭市場（その名のとおり証券会社の店頭）で取引できるようになることを店頭公開、証券取引所で売買できるようになることを上場という。証券取引所の上場基準より緩い基準で、店頭公開ができるのが特徴であった。

この店頭市場は2004（平成16）年にジャスダック証券取引所に発展し、

店頭市場はなくなった。

この図表からは、**株価が10倍になった1958年に、売上高、経常利益も店頭公開時から10倍以上に成長しており、業績と株価の伸びが一致する「業績相場」だった**ことがわかる。

同様に株価が10倍になった1958年からさらに10倍になった1961年までを見てみよう。ここでは**株価が10倍にもかかわらず売上高、経常利益はともに2倍程度しか伸びていない。この間は株価が先行きの期待を織り込んで上昇する「理想相場」となり、将来の期待を先取りした上昇相場だった**のだ。

ただ株価が100倍にまでなったのは修正株価ベースの話である。株価100倍の要因を分解すれば、店頭公開以来、株式分割（有償増資を含む）により株数が16倍になったことが株価上昇の大きな要因といえる。つまり10倍株になるには、「株式分割」も重要なキーワードである。株式分割で最低投資金額が下がると、それまで手を出せなかった投資家にも購入のチャンスが生まれ、株価の上昇につながりやすいからだ。

さらに株価が1000倍になった1961年度から、1000倍へと**さらに10倍になった1972年までは売上高が10倍以上、経常利益は20倍以上になっている。しかし、この間の株価上昇率はそれを下回っており、反動相場だった**と考えられる。

つまり店頭公開から株価が10倍になるまでの急成長期は業績がともなっていることが重要で、その後の10倍は必ずしも実績はともなわなくてもよいということだ。業績は踊り場にあっても、株価はその前の勢いのまま期待先行で上昇する可能性があるともいえる。

割高におびえるな

続いて会社の成長性と収益性を確認したい。成長性は売上高の伸び率である「増収率」で判断するが、店頭公開から株価が1000倍になる1972年までの平均増収率は毎年40％を超える急成長ぶりだった。トランジスタラジオや「(1964年東京)オリンピック前に発売したクロマトロン式カラーテレビ」(1964年2集春号コメント)、「世界最初の家庭用VTR(20万円弱)」(1965年1集新春号コメント)など、最先端で圧倒的な付加価値をもつ、差別化製品を世に送り出したことで業績を牽引した。

このことは稼ぐ力を表す経常利益率(経常利益÷売上高×100)にも表れており、同比率は若干のバラツキはあるものの10％前後と製造業としては極めて高かった。売り上げを大幅に伸ばしつつ、利益もしっかり出していたことを示している。

また、ソニーの株価バリュエーションについては、第2章の「7 PSR、PER、PBRの高さは気にしなくてもいい」でくわしく紹介した。

筆者が独自に算出したバリュエーション（1955年から1972年の平均）は、実績PSR（想定時価総額÷前期売上高）が4・8倍、実績PER（想定時価総額÷前期純利益）が92倍、実績PBR（想定時価総額÷前期自己資本）が16倍だった。今の感覚でいえば「超割高」である（図表2-6）。

しかし、これら3つの指標は、株価が割高か割安かを相対比較する際に使われる一方で、利益の期待値という一面も持ち合わせていることは忘れてはならない（くわしくは、第4章の「1『PERが低い割安株＝よい株』は本当か」参照）。

つまり、裏を返せばそれだけソニーの成長期待が高かったということであり、バリュエーションだけで投資判断をすると急成長株に投資する機会を逃すこともある、と教えてくれるよい事例だ。

ソニーの事例から、成功する成長株投資の条件とその条件を満たす銘柄をまとめてみたので参考にしてほしい。

・成長性である「増収率」が高いこと
・稼ぐ力の「経常利益率」も高いこと
・配当を出していること

・積極的に投資をしていること
・海外展開をしていること
・増資と株式分割を行っていること
・経営陣が二人三脚であること
・バリュエーションはＰＳＲ、ＰＥＲ、ＰＢＲがともに高いこと
（※ただし成長の源泉である増収率に陰りが見えたら投資判断を見直す必要あり）

ソニーについては、四季報２０１８年１集新春号のコメントに「【復　活】」の文字が躍り、続いて「【アイボ】06年撤退の犬型ロボットに急きょ再参入、ＡＩ技術用いブランド磨き直し狙う」と続いた。アイボは「ＡＩ×ロボット」と、まさに最先端の掛け合わせでつくられたもので、この時代の〝ど真ん中〟をいく商品を復活させたソニーのすごさを感じる。今後、アイボが家庭の間取りや飼い主の嗜好など情報収集のツールになれば、とてつもないデータが収集される可能性もある。ソニーの今後にも要注目だ。

3 トヨタ——約13万倍⁉ 日本一の〝大化け〟株

「楽観を許さぬ」から「期待される」へ——天と地ほども違うコメント

自動車業界最大手にして、株式時価総額約24兆円。その規模は2位を追うＮＴＴドコモ（９４３７）を2倍以上引き離し、日本の頂点に君臨するトヨタ自動車（７２０３）。しかし、そのトヨタ自動車にもかつて危機的な状況があった、というのをどれほどの人がご存じだろうか。実は戦後間もない１９５０（昭和25）年6月に発売された四季報3集夏号で、トヨタ自動車には「楽観を許さぬ」「再建も容易ではない」という言葉が並んでいたのだ。

振り返れば、１９５０（昭和25）年6月以前の日本経済はデフレのさなかにあった。戦後のインフレを抑制するために日本に招聘《しょうへい》された、デトロイト銀行元頭取ジョセフ・ドッ

図表3–5　トヨタ自動車へのコメント①

トヨタ自動車工業【設　立】昭和十二年八月【決算期】三月　九月

（本　社）愛知縣加茂郡擧母町大字下市場
（支　社）名古屋市中區笹島町一ノ三二一

【争　議】經營合理化のための二工場の閉鎖、一千六百名の人員整理、一割賃下案をめぐつて争議中。しかし三首腦の辭任、同系の自動織機社長石田退三氏の乗出しで、争議も漸く山が見えた感がある。殆ど整理數に近い希望退職者が出て、組合側も之を認めることになつた。

【前　途】わが自動車工業の前途は樂觀を許さぬものがある。當社の再建も容易ではない。

（出所）『会社四季報』1950年3集夏号

ジ氏のデフレ政策は功を奏したのだが、一方で「ドッジ・デフレ」と呼ばれる厳しい状況が進行していたのだ。赤字公債の発行および日銀引き受けの禁止、為替レート360円の設定などの対策がとられる中、日経平均株価は10カ月で52％下落というリーマンショック並みの大暴落を演じた。

そういうタイミングで発行された四季報1950年3集夏号。トヨタ自動車へのコメントは図表3–5のとおりである。

1937（昭和12）年に設立され、当時の中堅企業ともいえるトヨタ自動車は、このころ経営危機に見舞われていた。工場の閉鎖や人員削減、賃下げ

図表3−6　朝鮮戦争前後で大きく変化した日経平均チャート（1949年〜1953年）

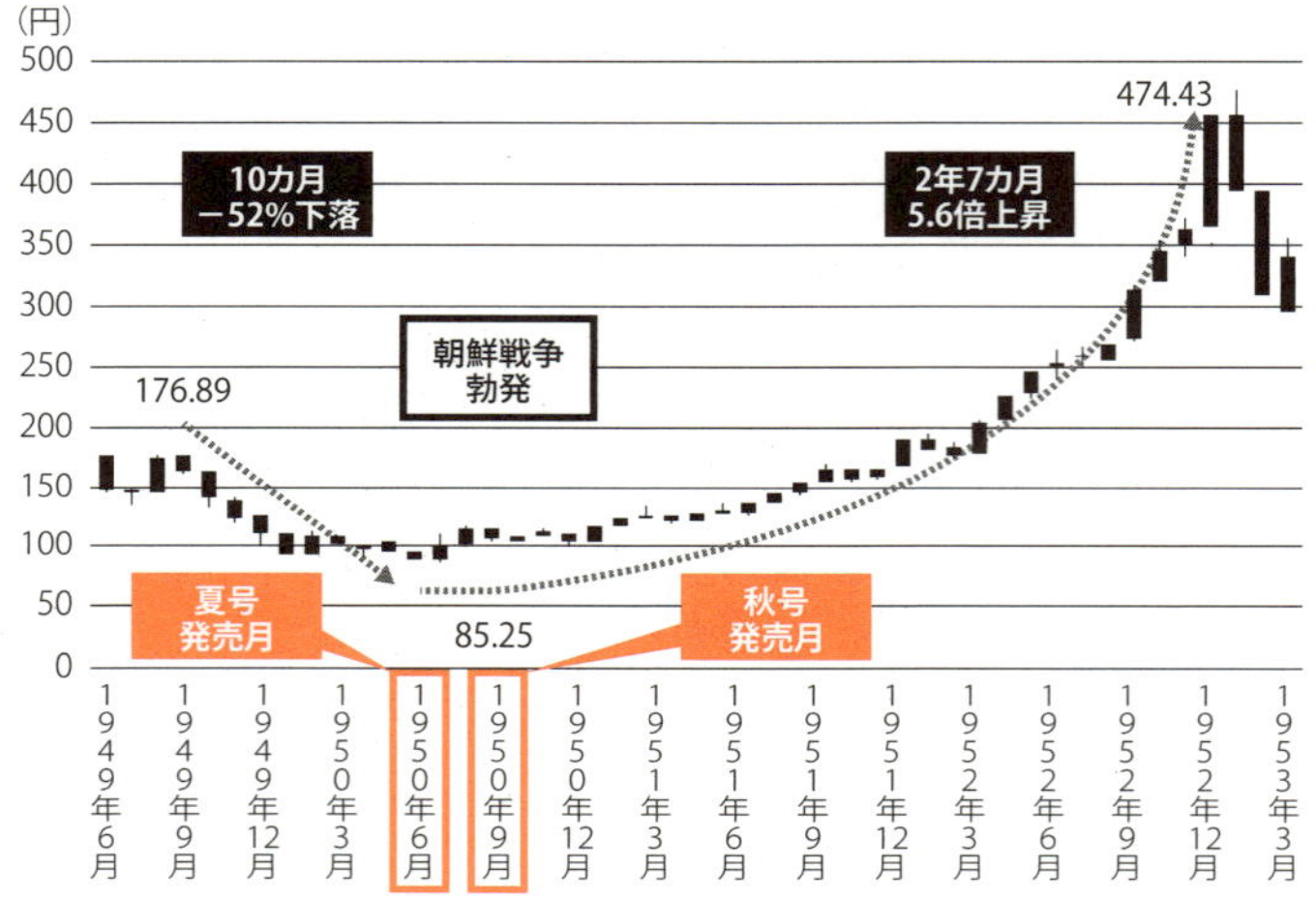

（出所）複眼経済塾

を強いられ、株価は1950年6月に最安値23・5円をつけるほどだったのだ。

ところが、だ。四季報発売から数日後に朝鮮戦争が勃発すると情勢は一変した。日本経済は国連軍向けの軍需物資の供給で活況を呈し、日経平均株価はその後2年7カ月で株価5・6倍の大相場となったのだった（図表3−6）。

トヨタの株価も最安値の23・5円をつけた2年後、1952年6月には株価は10倍に上昇。その転換点直後で、四季報1950年3集夏号から3カ後に発売された1950年4集秋号ではトヨタのコメントは図表3−7のように変化する。

図表3-7　トヨタ自動車へのコメント②

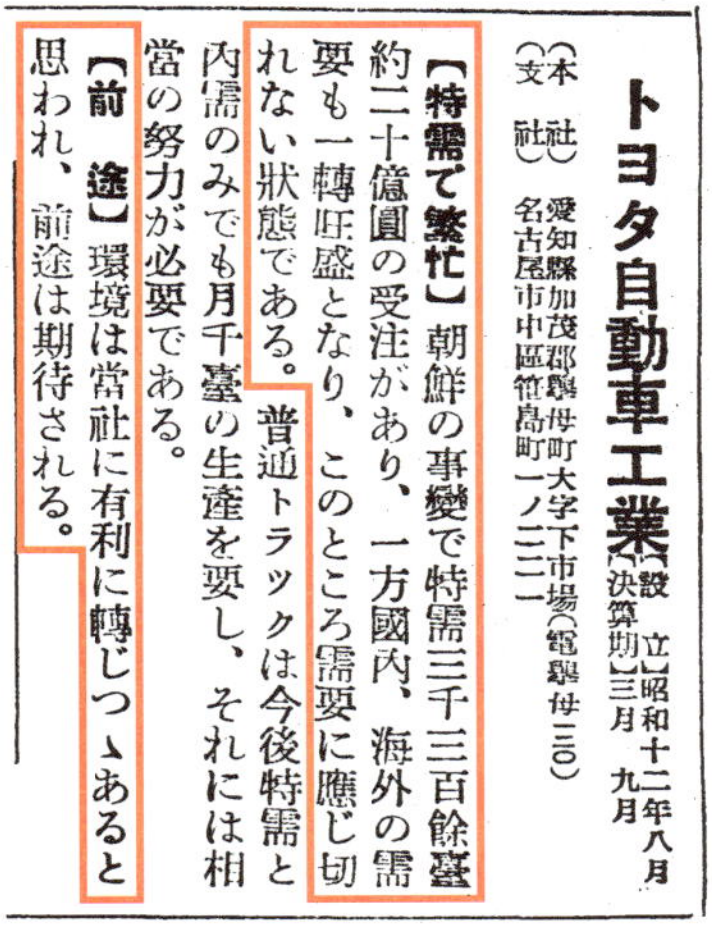

トヨタ自動車工業〔設　立〕昭和十二年八月〔決算期〕三月　九月
（本　社）愛知縣加茂郡擧母町大字下市場（電擧母二〇）
（支　社）名古屋市中區笹島町一ノ二二一
【特需で繁忙】朝鮮の事變で特需三千三百餘臺約二十億圓の受注があり、一方國內、海外の需要も一轉旺盛となり、このところ需要に應じ切れない狀態である。普通トラックは今後特需と內需のみでも月千臺の生產を要し、それには相當の努力が必要である。
【前　途】環境は當社に有利に轉じつゝあると思われ、前途は期待される。

（出所）『会社四季報』1950年4集秋号

たった3カ月でリストラは「繁忙」に変わり、前途は「楽観を許さぬ」から「期待される」と天と地ほども違う世界に変わってしまったのだ。

その後トヨタの経営は持ち直し、最安値23・5円をつけた1950年6月から比べれば、6年4カ月後の1956年10月には100倍、10年4カ月後の1960年10月には1000倍、30年10カ月後の1981年の4月には1万倍へと大化けしている。

これほどの成長が見られたのは、最安値をつけた当時のトヨタが資本金1億円以上10億円未満の「中堅企業」だったから、といえる。その上でチャートを見れば、タイミング的には相場全

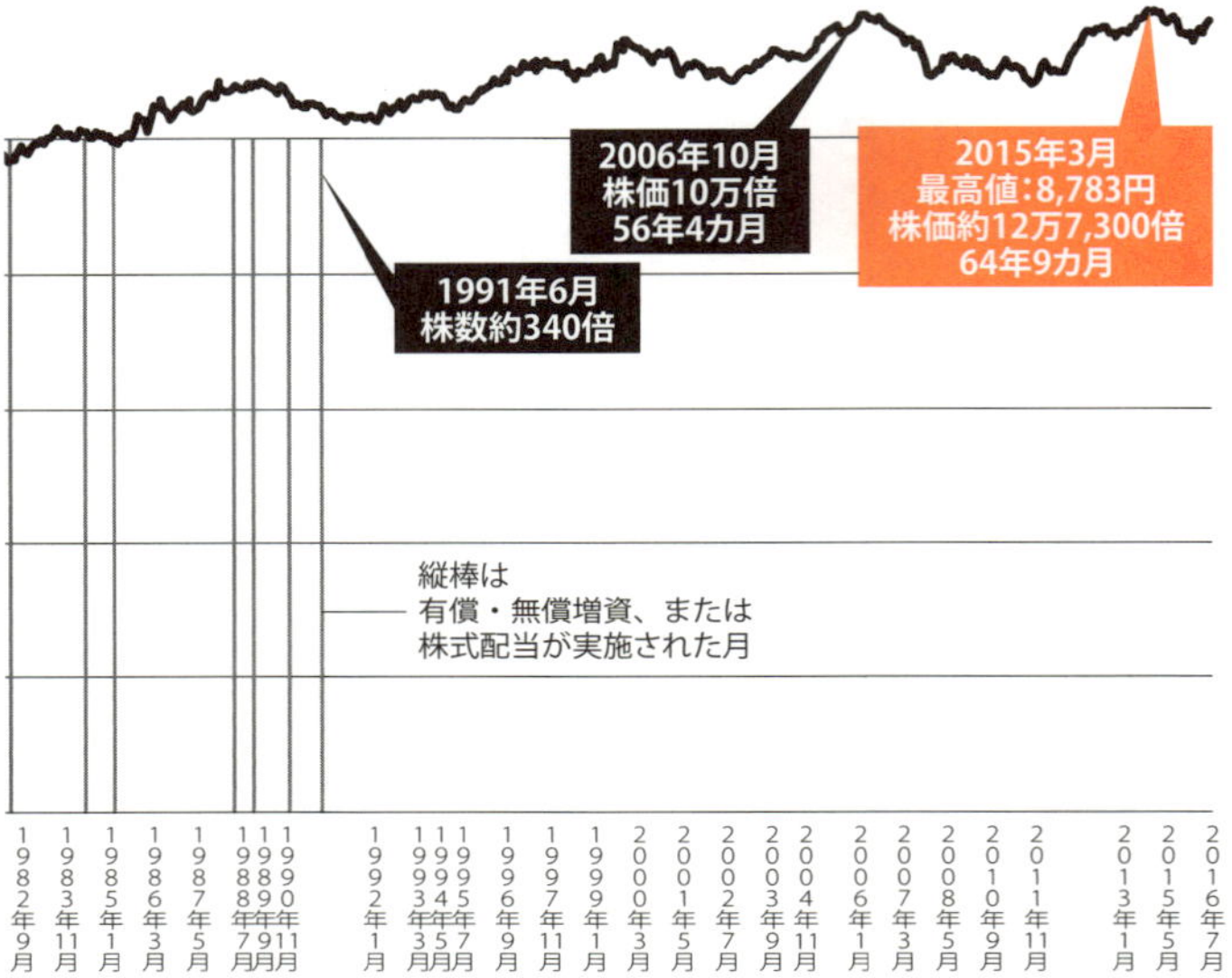

体も、トヨタ自体の業績も低迷していた時期からV字回復し、成長段階に入っていったことがわかる。業績をくわしく見れば、株価が1000倍になるまでの増収率は平均で約32%と急成長を遂げていた。営業利益率も10%前後で推移し、「稼ぐ力」をともなっていたのも大きい。さらにいえば、株式分割で株数が増加しており、期待先行の相場だったことも見て取れる。

　結果、高度成長期やバブル経済を経て、トヨタの株価は2015年に8783円の最高値をつけた。額面だけ見ると3

図表3-8　日本で一番の大化け銘柄トヨタ自動車

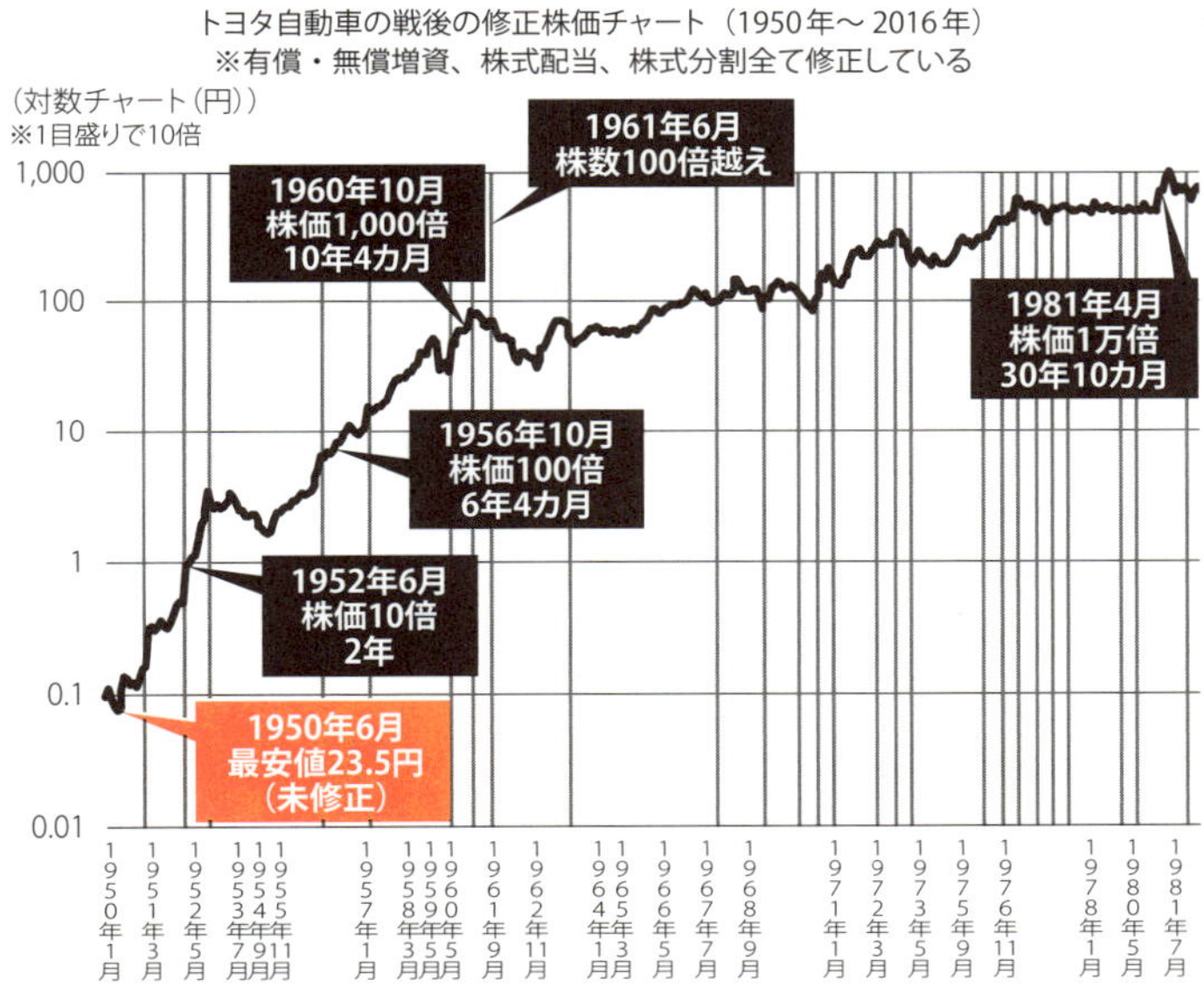

（出所）『会社四季報』「トヨタ自動車（7203）」を参考に複眼経済塾作成

７００倍程度だが、この間に何度か株式分割を行っているので、**実質的な価格は12万７３００倍！**　もし当時の安値23・5円で１０００株、２万３５００円を投資していたなら約30億円になっていた計算になる。

同じ期間で日経平均は、安値から１９８９年の最高値３万８９１５円まで４５６倍の上昇を見せるが、トヨタ自動車の12万７３００倍と比べると大したことはないように感じられる。このように**トヨタ自動車は日本で一番〝大化け〟した銘柄**であるのは間違いない。これが個別銘柄の爆発力であり、新興企業の大きな魅力なのだ。

大変化はいつも突然やってくる

トヨタ自動車にとって、予想もしない出来事で、急に大きな変化が訪れる事例はその後もあった。端的な事例の1つとして表れたのが、2011（平成23）年3月11日の東日本大震災の3日後に発売された四季報2011年2集春号である。

当然、大震災など誰も予測していない。被災した工場では生産が停止し、原発停止による計画停電も行われたが、そんな事態を四季報が織り込みようもない。結果、四季報は実情からかなり大きく乖離《かいり》する内容となってしまった。実際、春号コメントは非常に堅調な予想を立て、こう伝えている。

【増　益】……販売底離れで北米好転。品質費用も減り営業益続伸。増配も。

ところが大地震で車載用マイコンを生産するルネサスエレクトロニクス（6723）の主力工場が被災。約3カ月生産が停止すると、部品を調達できないトヨタの生産も止まってしまった。

当時のルネサスは車載用マイコンの世界首位で、かつ高いシェアを誇っていたため、同社の部品がないと自動車を生産できないとされた。たった1つのチップがトヨタのみならず世界の自動車生産を完全に止め、世界のバリューチェーンのもろさを露呈させたことは記憶に新しい。

震災から3カ月後に出た2011年3集夏号コメントは【減益】に一転する。

【減　益】震災後に電子部品など調達が難航、内外で工場稼働率低下……営業減益。

営業利益は8000億円予想から半分の4000億円に減額され、「増収増益」から「減収減益」に転落したのだ。

このように予想外の出来事が勃発した直後は、当然だが、四季報の内容と現状は乖離し、次の号で内容が大きく変わる。大事なことは、四季報に書かれている内容をうのみにせず、臨機応変に頭を切り替えなければいけないということだ。

私は**四季報に書かれている内容を「当たる・当たらない」という切り口では見てはいけないと考えている。あくまで「参考にしている」というスタンス**でとらえている。経済は〝生きもの〟。そのつど、新しい発想で相場を見るように心がけたい。

4 TOKYO BASE
——2年で10倍達成。100倍株になるか？

アパレル業界の〝風雲児〟

この本の冒頭、プロローグで紹介したセレクトショップを運営する「TOKYO BASE」（3415）。株価は2016年2月の安値107円から、2018年にかけてすでにテンバガーを達成している（株式分割で株数が増加していくのを修正した「修正株価」で検証）。100倍になるには10倍株×10なので、まずは10倍株になっているかどうかが重要なポイントだ。

あらためてTOKYO BASEについて紹介しておくと、最高経営責任者（CEO）の谷正人氏は静岡県浜松市にあった老舗百貨店「松菱」の創業一族の出身である。「松菱」

はバブル崩壊後に過剰投資を続けたことなどが災いし、2001(平成13)年に経営破綻している。当時まだ高校生だった谷氏にとって、この失敗の記憶は深く胸に刻まれたようだ。

その後、谷氏は大学を出て新卒でセレクトショップ運営などを手がける「デイトナ・インターナショナル」に入社。入社半年で原宿の不採算店舗再建に成功し、2007年には東京ブランドのみを取り扱うセレクトショップ「STUDIOUS」を立ち上げる。3店舗に拡大するなど順調に売り上げを伸ばし、「デイトナ・インターナショナル」では事業部長になった谷氏だったが、独立の夢をかなえるため2009年事業を引き継ぎ、STUDIOUSを起業した。

2015(平成27)年には、徹底的に国産にこだわるプライベートブランド「UNITED TOKYO」を立ち上げ、同年9月にはアパレル業界史上最年少で東京証券取引所マザーズ市場に上場。2016(平成28)年には「TOKYO BASE」へ商号変更し、マザーズ上場からわずか1年半後に東証1部へ指定替えとなった。現在も不振にあえぐアパレル業界をよそ目に見て投資家からも大きな注目を浴びる存在となっている。

10倍株探しのポイントに合致

ソニーの事例からもわかるように、**10倍株を見つけるために何よりも大切なのは急成長していることで、成長性を示す「増収率」が高いことが重要だ。**ＴＯＫＹＯ　ＢＡＳＥの前期の増収率は44・3％、今期は53・7％となる見込みだ。すでにお伝えしている「売上高が４年で２倍の年率20％以上の増収」が10倍株の１つの条件となるが、同社の今期予想の売上高１２５億円は２年で２倍となっており、その条件は十分に達成している（図表３－９）。

同様に、営業利益率（＝営業利益÷売上高×１００）についても第２章で書いたように、一般的には10％以上あれば「稼ぐ力」のある会社と判断してよいが同社は今期予想で13・8％である。

「本業で稼ぐ力」の営業利益率を高めるためには、「①売上原価や人件費・人件費を除く販管費を引き下げる」か「②売上原価や人件費・人件費を除く販管費に利益を上乗せした価格で販売する」しかない。これは「人件費をコストと考えるか、人を財産と考えるか」の違いであると考えているが、ＴＯＫＹＯ　ＢＡＳＥの場合は間違いなく②である。

ＴＯＫＹＯ　ＢＡＳＥは、業界では珍しく実績重視の評価を行っている。四季報

図表3-9　TOKYO BASE

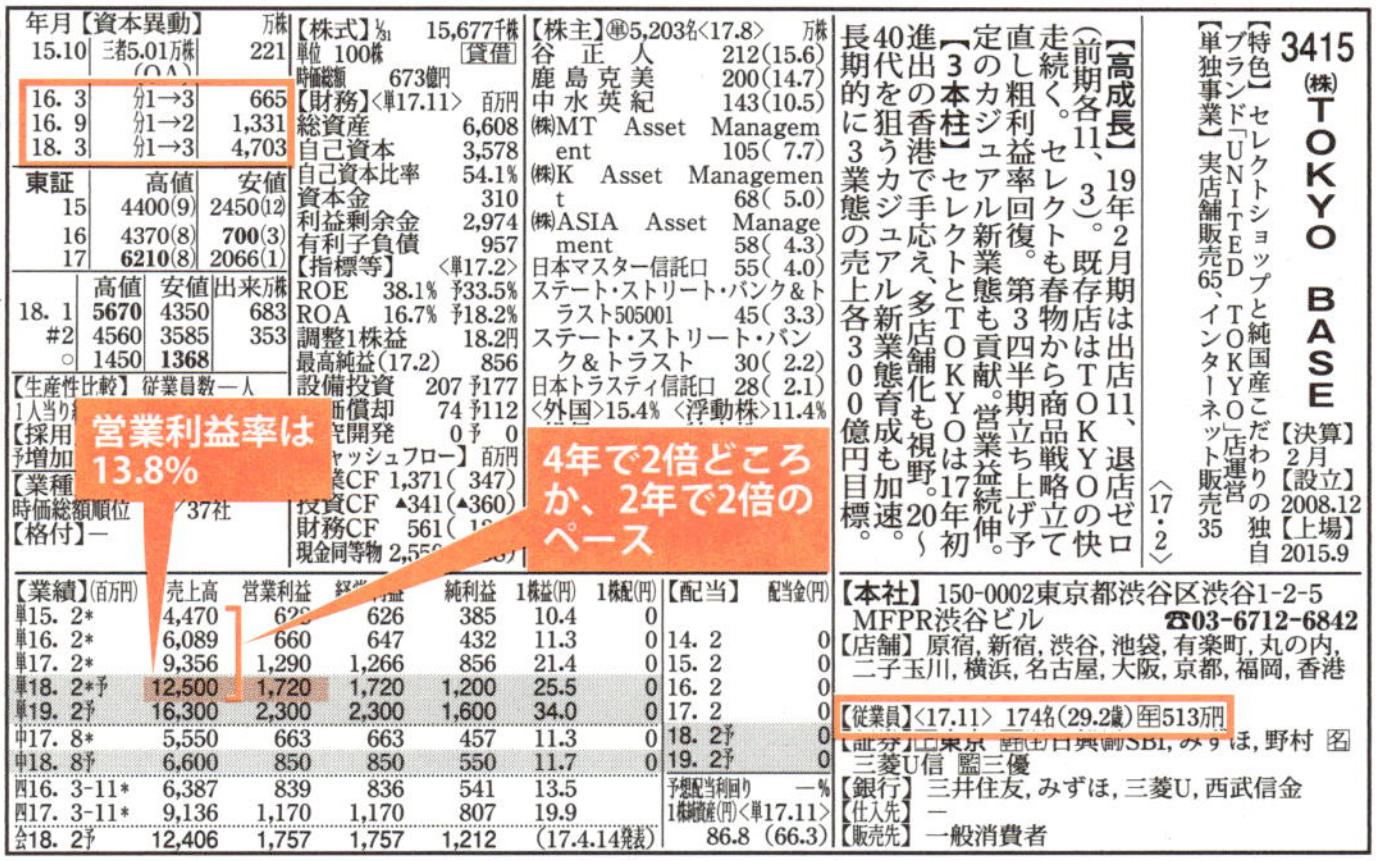
3415 ㈱TOKYO BASE
【決算】2月 【設立】2008.12 【上場】2015.9
【特色】セレクトショップと純国産こだわりの独自ブランド「UNITED TOKYO」店運営
【単独事業】実店舗販売65、インターネット販売35 〈17・2〉
【高成長】19年2月期は出店11、退店ゼロ（前期各11、3）。既存店はTOKYOの快走続く。セレクトも春物から商品戦略立て直し粗利益率回復。第3四半期立ち上げ予定のカジュアル新業態も貢献。営業益続伸。
【3本柱】セレクトとTOKYOは17年初進出の香港で手応え、多店舗化も視野。20～40代を狙うカジュアル新業態育成も加速。長期的に3業態の売上各300億円目標。

【小売業】 ↓前号比減額

年月【資本異動】		万株
15.10	三者5.01万株(OA)	221
16. 3	分1→3	665
16. 9	分1→2	1,331
18. 3	分1→3	4,703

東証	高値	安値
15	4400(9)	2450(12)
16	4370(8)	700(3)
17	6210(8)	2066(1)

	高値	安値	出来万株
18. 1	5670	4350	683
#2	4560	3585	353
○	1450	1368	

【生産性比較】従業員数一人
1人当り
【採用
予増加
【業種
時価総額順位 /37社
【格付】—

【株式】1/31 15,677千株
単位 100株 貸借
時価総額 673億円
【財務】〈単17.11〉百万円
総資産 6,608
自己資本 3,578
自己資本比率 54.1%
資本金 310
利益剰余金 2,974
有利子負債 957
【指標等】〈単17.2〉
ROE 38.1% 予33.5%
ROA 16.7% 予18.2%
調整1株益 18.2円
最高純益(17.2) 856
設備投資 207 予177
償却 74 予112
究開発 0 予 0
キャッシュフロー】百万円
業CF 1,371(347)
投資CF ▲341(▲360)
財務CF 561(
現金同等物 2,55

【株主】㊊5,203名〈17.8〉万株
谷 正 人 212(15.6)
鹿島克美 200(14.7)
中水英紀 143(10.5)
㈱MT Asset Management 105(7.7)
㈱K Asset Management 68(5.0)
㈱ASIA Asset Management 58(4.3)
日本マスター信託口 55(4.0)
ステート・ストリート・バンク&トラスト505001 45(3.3)
ステート・ストリート・バンク&トラスト 30(2.2)
日本トラスティ信託口 28(2.1)
〈外国〉15.4% 〈浮動株〉11.4%

【業績】(百万円)	売上高	営業利益	経常利益	純利益	1株益(円)	1株配(円)
単15. 2*	4,470	62	626	385	10.4	0
単16. 2*	6,089	660	647	432	11.3	0
単17. 2*	9,356	1,290	1,266	856	21.4	0
単18. 2*予	12,500	1,720	1,720	1,200	25.5	0
単19. 2予	16,300	2,300	2,300	1,600	34.0	0
中17. 8*	5,550	663	663	457	11.3	0
中18. 8予	6,600	850	850	550	11.7	0
四16. 3-11*	6,387	839	836	541	13.5	
四17. 3-11*	9,136	1,170	1,170	807	19.9	
会18. 2予	12,406	1,757	1,757	1,212	(17.4.14発表)	

【配当】	配当金(円)
14. 2	0
15. 2	0
16. 2	0
17. 2	0
18. 2予	0
19. 2予	0
予想配当利回り	—%
1株純資産(円)〈単17.11〉	86.8 (66.3)

【本社】150-0002東京都渋谷区渋谷1-2-5 MFPR渋谷ビル ☎03-6712-6842
【店舗】原宿，新宿，渋谷，池袋，有楽町，丸の内，二子玉川，横浜，名古屋，大阪，京都，福岡，香港
【従業員】〈17.11〉 174名(29.2歳) 年513万円
【証券】上東京 副(主)日興 副SBI，みずほ，野村 名三菱U信 監三優
【銀行】三井住友，みずほ，三菱U，西武信金
【仕入先】—
【販売先】一般消費者
営業利益率は13.8%
4年で2倍どころか、2年で2倍のペース

（出所）『会社四季報』2018年2集春号

2018年2集春号の【従業員】を見れば、社員の平均年齢は29・2歳で、平均年収は513万円。セレクトショップの草分け的存在で上場している、ユナイテッドアローズ（7606）でも、平均年齢31・5歳で平均年収が464万円であることから、**業界最高水準の給与体制を整えている**のがわかる。

実際に店舗を訪れてみると、スタッフのやる気を感じ、人を財産と考える経営陣のスタンスが伝わってきた。さらに、TOKYO BASEが国内の生産者を大事にする、という思いに多くの人が共感。実際、ブランド力と技術力、そして堅実な経営が市場の評価につながり、営業利益率は10%超を保っている。

また上場後、約2年の間に3回の株式分割を行っているし、谷氏の持ち株比率を見ても「オーナー経営者で筆頭株主」という10倍株探しのポイントに合致している。

メード・イン・ジャパンの威力

2018（平成30）年、平昌での冬季オリンピックで、原大智選手が日本勢大会初メダルを手にしたフリースタイルスキー男子モーグル。表彰台に立った3選手のスキー板には、いずれも「梵字《ぼんじ》」をイメージしたブランドロゴが入っていたのに気づいただろうか。

これは「ID　one（アイディーワン）」というブランドで、大阪の会社が手がけたものだ。すべて国内工場で生産されており、高い品質でモーグルのトップ選手から引っ張りだこだという。このような「メード・イン・ジャパン」に対する世界的な評価はたしかなものになりつつあり、ブランド価値も大いに高まっているといえる。その意味でTOKYO BASEは、ますます時代の〝ど真ん中〟を突き進んでいる気がしてならない。

例えば「UNITED　TOKYO」の商品タグには、製造された県のイラストがプリントされており、それだけでも国産への強いこだわりが感じられる。しかも商品を生産している工場は、海外の一流ブランド御用達。それを「原価率50％以上」という驚きの価格で提供しているのだから、圧倒的な優位性があるのだ。

２０１７年は新しくブランド「ＣＩＴＹ」の展開が始まったり、香港へ初の海外進出を行い、「ＵＮＩＴＥＤ　ＴＯＫＹＯ」が東京のファッション・ウィークへ参加したり、大きな動きがあった。一方では、持続可能な成長のため、日本ブランドのＭ＆Ａを駆使して新たな市場を開拓。これは単なる企業買収ではなく、「日本発ファッションスタイルを世界へ」を実現するためにブランド価値を高め、新しいビジネスモデルをつくっていく〝前向きなＭ＆Ａ〟なのだろう。

私自身、四季報読破に取り組んでいるのは、広い意味でいえば日本企業を応援したい、日本経済を応援したいという思いが強いからだ。そのため、国内工場と直接取り引きし、ＳＰＡ（商品の企画から製造、物流、プロモーション、販売までを一貫して行う小売業態）でブランド展開することを目指しているＴＯＫＹＯ　ＢＡＳＥのあり方にはとても共感を覚える。なぜならそれは、地方創生や老舗の後継者問題、日本の伝統技術やものづくりの伝承にも多大な貢献をしているからだ。

私はＴＯＫＹＯ　ＢＡＳＥの創業以来、毎回、株主総会に出席しているが、はじめての株主総会は、店舗横の小さな部屋で行われたぐらい出席者は少なく、まだそれほど注目される存在ではなかった。直接、経営者の思いや考えに触れられる株主総会への出席は、投資家にとって大きなメリットがある。ＴＯＫＹＯ　ＢＡＳＥの場合も同様で、私は毎回、谷氏の思いを強く受け止め、ますます自分が投資したストーリーへの確信を深めてきた。

プロローグでも紹介したが、今や、プライベートで着る洋服のほとんどは、TOKYO BASEのもの、ということも余談としてお伝えしておこう。

第4章

お宝銘柄を見つけるための常識・非常識

1

「ＰＥＲが低い割安株＝よい株」は本当か

ＰＥＲのわなと呪縛

四季報誌面上段には「チャート」欄と「株価指標」欄がある。このうち、「株価指標」欄に書かれているＰＥＲ（Price Earnings Ratio＝株価収益率）とＰＢＲ（Price Book-Value Ratio＝株価純資産倍率）という2つの指標は、多くの投資家の方も、また現在勉強中の方も、最初に覚える株価指標ではないだろうか。

私も証券会社に入社して間もないころ、証券マン必須の外務員試験を受けたとき、最初に覚えた基本中の基本である。

まずＰＥＲとＰＢＲとは何かである。計算式は次のとおりだ。

・PER（倍）＝株価÷1株当たりの利益（EPS）
・PBR（倍）＝株価÷1株当たりの純資産（BPS）

PERとPBRは教科書的にはそれぞれ、「1株当たり利益もしくは1株当たりの純資産に対し、株価が何倍まで買われているかを表したもの」とされる。さらにほとんどは「同じ市場もしくは同じ業種の平均PER、PBRを下回るものは、割安に放置されている」などと解説が続いているだろう。

実際、「PERが安いだけ……」の株を買うことが、あたかも投資の必勝法であるかのような論調も、投資指南本やセミナーなどさまざまな場面で見受けられる。

そのため、**大多数の人が「PERが安い（低い）株を買え！」という言葉のわなに陥っているようだ。**

かつての私もそうだった。しかし今、私はこれを100％否定している。それは私の23年間の証券マン生活で最も失敗した事例であり、自分の実体験に基づくものでもあるので自信をもって言い切れる。私は在籍する証券会社のスクリーニング機能を使って低PERリストをつくり、そこから銘柄選びをしていたが、一度も満足いく結果をお客さまに提供できたことはなかったと思う。

ある条件において**「PERが安い（低い）株を買え！」はたしかに正しい。しかし単純に「PERが安い（低い）株を買え！」だけでは間違いだと思う**。

つまり、ある意味では正しく、ある意味では間違いということなのだが、世間一般的には「PERが安い株を買え！」という言葉だけが独り歩きをしている。こうして間違った認識に陥っていくことを私は「PERのわな」と呼び、そこから抜け出せないことを「PERの呪縛」と呼んでいる。

大失敗「PER115倍のヤフーを買えなかった」

まず「PERの呪縛」を解くため、1997（平成9）年に店頭公開したインターネット検索サイト大手・ヤフー（4689）の例を見てみよう。

ヤフーは1997年11月に公募価格70万円で店頭公開し、公募価格の約3倍の200万円で初値をつけた。当時のPERは150倍だった。その後株価は下がり154万円の安値をつけたが、それでもPERは115倍だった。

しかし、時代はインターネット普及期というより、爆発期といってもよいころだ。当然、株価は切り返し、1株が2株になる株式分割を2回こなして4株になってもなお、2000年2月には1株1億6790万円というとんでもない高値をつけたのだ。予想

PERはなんと約4300倍！ に達していた。

もし仮にヤフー株を安値の154万円で1株投資していたら、株数は1株が4株になり、高値の評価額1億6790万円×4株＝6億7160万円で資産は約440倍に増えた計算だ。

しかし、「PERが安い（低い）株を買え！」が正しいとするならば、この大相場には乗れなかったはずだし、事実、**「PERの呪縛」が解けなかった私は、PERが100倍を超える水準そのものがまったく理解できず、結局、世紀の大相場にうまく乗ることができなかった。**

この大失敗を経験したおかげで、私は軽く考えていたPERについて深く考えるようになったのだ。

「PERが高い」は市場の期待が高い表れ

PERは世間一般では「株価の割安・割高を計る指標」となっている。

そのことは正しいし、かつては私も「指標」以外は考えられなかった。しかし証券会社で機関投資家セールスをやっていたころ、あるベテランファンドマネジャー・Y氏のつぶやいた一言でハッとした。

図表4-1　PERの意味は真逆になる

	指標として見る	期待値として見る
PER高い	割高：売り	期待値高い：買い
PER低い	割安：買い	期待値低い：売り

（出所）複眼経済塾

「もし2つある銘柄のうち、どうしても1つだけ選ばなければいけない場合、私なら迷わずPERが高い銘柄を買う」。

Y氏は当時、「GPIF（年金積立金管理運用独立行政法人）」で知られる公的年金を任されるほどの人物。私の知るファンドマネジャーの中では運用パフォーマンスは圧倒的で、最も本質を見抜く眼をもった人だった。だからこそ、この一言は当時の私にとってあまりに衝撃的で、目からうろこが落ちる思いだった。

私は「割高な銘柄を買うとはどういうことなんだろう」と、最初はY氏が何をいっているのかよくわからなかったが、その後に続いたもう一言で、ようやくその意味がわかった。

「だってPERが高いということは市場の期待が高いんだろ」

つまり**PERには世間一般で知られる「指標」という視点だけでなく、もう1つ「期待値」という視点もあるのだ**。Y氏はPERを「指標」として見るのか、もしくは「期待値」として見るのかという選択を迫られたなら「期待値」としてとらえるといっていたのだ。
これらをまとめると図表4―1になる。視点が違えば考え方は真逆になるということがおわかりいただけるだろう。

指標としてのPER、期待値としてのPER、両方の視点から観察する

四季報オンラインに連載中の「四季報読破邁進中」に『知らないと損する「PERの低い株を買え！」の大うそ』を書いたとき、タイトルが強烈なインパクトだったためか、大きな反響があった。

私は「PERが低い株は割安」と単純に考えるのは間違いだ、といいたかったのだが、私のメッセージはいつの間にか「PERの低い株は上がらない」という意味にすり替わっていた。そのため、読者の反応は「まったくそのとおり」、いや「バカなことというな」「そんなわけないだろ！」と真っ二つにわかれたのである。

この反応は意外というより、実はちょっと期待していたことだった。なぜなら本題から少しずれた論点に対して、賛成と反対の対立する見方が両方存在する構図になっているからだ。

儲かる株を探すとき、「PERをどう考えるか」の議論もまさにこれと同じ構図だと思

う。それがＰＥＲをよくわからなくさせている原因ではないだろうか。混乱を避けるには「ＰＥＲは高いほうがいいのか、それとも低いほうがいいのか」とか、「〝ＰＥＲが低い株を買え〟は正しいのか、間違っているのか」の二者択一で是非を議論しないことである。

さらに大事なのは、どんなことでも２つの見方が存在するという事実を認識することだ。株式市場のあらゆる場面でも同じことがいえ、市場には最低でも２つ以上の見方が存在するという事実を、しっかり認識しておく必要がある。

「意見のすり合わせ」という言葉をよく耳にするが、ここでいう２つの見方は「意見」の相違ではなく、「視点」の違いにすぎない。そのため、２つの異なった「視点」の存在を認識しないかぎり、どこまで議論しても１つの結論にまとまることはないだろう。

ではそもそも「視点」の違いとは何か。図表4-2に示した２つの絵を見てほしい。これはあるものに横からと上から光を当てたときの影で、片方は長方形でもう片方は丸である。これらは何の影かおわかりだろうか。

これはどちらも同じ缶ビールの影であり、長方形はビールの缶を横から見た形で、丸は上から見た形である。これこそが「視点」の違いだ。横から見ている人にどんなに説明しても長方形が丸に見えることはないし、逆もしかりで、上から見ている人が、丸以外の答えを見つけることは不可能だ。

図表4-2　缶ビールの影

**2つの絵はそれぞれ何の影だかわかるだろうか。
PERをめぐる議論もこれと同じことなのだ**

（出所）複眼経済塾

ＰＥＲをめぐる議論もこれと同じことだ。株式市場は、売り手と買い手という、まさに真逆の視点のもの同士が出合って売買が成立し、株価という値段がつく。２つの「視点」が存在しなければ売り手と買い手が出会うことはない。いいかえれば、株式市場自体が売り手と買い手の存在なしには成立しないのだ。もし視点が１つしかなく、全員が同じ行動をとれば、株価という値段がつくことはないだろう。

そう考えると、自分が株式を自由に売買できるのは、相手があってはじめて可能であり、自分と見方の違う相手を非難したり論破したりしてもあまり意味がない。むしろ株を買うときは売り手に対して、また株を売るときは買い手に対して思いやるぐらいの大人の配慮をしたいものだ。

先ほどの缶ビールの例でも2つの視点を認識し、両方の視点からよく観察すれば、その物体が長方形でも丸でもなく、ビールの缶であるという本質が見抜ける。同様に株式投資家も売り手と買い手の視点をよく理解し、その銘柄の本質を見抜いて投資行動を決めるのが「賢い投資家」といえるだろう。

儲けるには、割安だろうが、割高だろうが関係ない

あらためて「儲かる」とは何か。単純に考えれば、「自分が買った値段より高く売ること」である。株価水準は割安だろうが割高だろうがどちらでもかまわない。とにかく自分が買った水準より株価が上がればよいはずだ。

つまり儲かるということは「株価が上がること」であって、主語は「株価」になる。ところが「儲かる株の議論」は、多くの場合、「PERが安いものがよい」、「いや、高いものがよい」となり、あたかも「PERの議論」にすり替わっているようだ。本来、主語であるべき「株価」が消え、「PER」が主語になってしまっているのだ。

この現象は、脳科学者・茂木健一郎氏がテレビ番組などで紹介している「アハ！体験」に似ている。「アハ！ムービー」と呼ばれる企画では、画像の一部が徐々に変化していき、数十秒後にはまるで絵が違っているのだが、見ている人はその変化に気づきにく

い。主語が「株価」から「PER」にすり替わっているのに、まるで気づかないところが非常に似ていると思うのだ。

指標としての視点からPERを見れば、たしかに「PERが低い株は割安株」となる。そして「PERが低い株はよい株だ」となるのは、長く続いた「デフレ」が要因で、人々のモノに対する価値観の変化が大きく影響していると思われる。

大きく変わった価値観とは「安かろう・良かろう」で、価格が安くてもモノはよいのが当たり前になったことだ。株も同じように考えられ、「PERが低いものはよい株」とされたのは自然な流れだろう。

バブル崩壊直後の1990年代前半は、価格が安いものには「安かろう・悪かろう」のイメージがつきまとっていた。イメージのみならず、実際、「安いものは粗悪品」というケースが少なくなく、脇の甘い私は「安物買いの銭失い」が日常茶飯事だった。

しかし2000年代に入ると本格的なデフレ時代に突入し、状況は一変。低価格でもよいものをしっかり提供できる企業しか生き残れなくなった。

その代表例がユニクロを展開するファーストリテイリング（9983）だ。ほかにも100円ショップのセリア（2782）、回転ずし「くら寿司」のくらコーポレーション

（2695）、ベビー・子供衣料の西松屋チェーン（7545）、イタリアンファミリーレストランのサイゼリヤ（7581）などは、低価格でも消費者が満足のいく商品を提供し、着実に業績を伸ばしてきた。

さらに、いわゆるシアトル系カフェではコーヒー1杯300円以上が常識とされる中、「1杯ずつ、挽きたて、淹れたて」のコーヒーを、コンビニでは100円程度で提供している。これらのケースは、消費者が「安かろう・悪かろう」ではなく、「安かろう・良かろう」を評価した典型的な事例といえる。

安くておいしいコーヒーと割安株の決定的な違い

さて本題はここからだ。コーヒーの消費者には必要なくても、株の投資家には絶対に必要な「視点」がある。

それは価格（株価）が上がるかどうか、もっと正確にいえば、価格（株価）が上がるための「きっかけ」があるかどうか、という視点だ。

コーヒーの場合は、本来300円のおいしいコーヒーが100円で飲めるのなら、消費者としてはいつまでも100円のままであってほしいし、値上げなど言語道断。絶対にあってほしくない。値上げする「きっかけ」など知りたくないし、考えたくもない。

しかし株式は違う。**本来300円で評価されるべきよい株が100円で買えるのならば、それは非常によいことだが、いつまでも100円のままでは困る。**100円で買えても、いつまでも100円にとどまるような銘柄は「万年割安株」といわれ、むしろありがたくない存在なのだ。

株式投資は「上がってなんぼ」の世界。株価が上がることが一番大事で、その「きっかけ」があるのかどうか、そしてそれは何かを考えることが重要になる。**この上がるきっかけを株式市場では「カタリスト」と呼んでいる。**

「カタリスト」は直訳すると「触媒」だが、株価変動のきっかけ、またはその要因という意味で使われる。株で儲かるには、割安だろうが割高だろうがどちらでもよく、とにかく自分が買った水準より株価が上がればよい。これは株価上昇の「カタリスト」があればよい、といっているのと同じであり、裏を返せば、**たとえ割安でも「カタリスト」がなければ、株価も上昇しないということである。**

割安株を見つけるよりも、「カタリスト」を見つけることが重要

この株式投資で非常に重要な「カタリスト」は、一般的にはあまり語られることはなく、ほとんどの人はあまり気にしていない。長く続いたデフレは、日本人に安くてよいものを

図表4-3　PER・PBRの株価の関係

$$\text{PER} = \frac{\text{株価}}{\text{1株当たり利益（＝EPS）}} \Rightarrow \text{株価} = \text{PER} \times \text{EPS}$$

$$\text{PBR} = \frac{\text{株価}}{\text{1株当たり純資産（＝BPS）}} \Rightarrow \text{株価} = \text{PBR} \times \text{BPS}$$

（出所）複眼経済塾

見つける選別眼を与えたが、同時に、値段が上がるという感覚を退化させた。

私は「一消費者として安くてよいものさえ見つければプラスになる」という成功体験が、株式投資では逆に混乱を招いていると感じている。ＰＥＲが安い銘柄を見つけた段階で銘柄選別は終わってしまい、本来重要な「カタリスト」の存在が忘れ去られてしまった可能性があるのだ。

今後は例えば飲食店選びでも安いお店を探すのではなく、「あのお店はいずれ値上げするだろうから、今のうちに食べておこう」という視点で、むしろ値上げしそうなお店を見つける癖をつけておくと株式投資で役に立つかもしれない。

では、カタリストとは何か。カタリストは「株価が」上がるきっかけなので、主語を「株価」にして考えたほうがわかりやすいだろう。

そこでＰＥＲ、ＰＢＲの式を図表4-3のように展開してみた。

右側の式を見れば一目瞭然だ。例えば上段のPERで考えれば、株価はPERとEPSの掛け算なので、株価が上がるにはPERが切り上がるか、EPS、つまり利益が上がるかのどちらかになる（もちろん両方上がればもっとよい）。

PERが切り上がることは、期待値が上がることである。例えばその銘柄が、実際に利益が出るかどうかは別として「テーマに乗っている」あるいは「新製品が出そう」「経営陣が交代する」「中期経営計画の目玉がある」など業績拡大の期待が高まればよい。

次に利益（EPS）が上がるということは、文字通り増益ということだ。連続増益や業界平均を上回る増益など、実際に業績が拡大することが株価を押し上げる要因になる。

このように考えれば、**株価が上がる「カタリスト」は「テーマ」であり、新製品や経営陣の変化や中期経営計画などの「期待」であり、「増益」であることもわかる。PBRも同様に考えればよい。**

理想買いと現実買いではカタリストになるものが違う

相場論でいえば、期待先行によりPERが切り上がり、つられて株価が上昇する相場を「理想買い相場」や「テーマ相場」といい、業績拡大が株価を上昇させる相場は「現実買い相場」あるいは「業績相場」という。

先に紹介したヤフー（4689）のケースも、図表4－4のように株価をPERと利益（EPS）に分解して考えてみると、「理想買い」の局面と「現実買い」の局面がきれいに表れている。最初の大相場は主にPERが切り上がることによる株価上昇＝「理想買い相場」だったが、2回目の大相場は主に業績拡大による株価上昇＝「現実買い相場」となっているからだ。

「理想買い」の場合は、業績の裏づけが不十分なため「ハイリスクハイリターン」になりやすいが、リスクをとった分だけ大相場になる傾向がある。2013年のバイオ株相場も「理想買い」相場だったため、利益は出ていなくても大相場だった。その後の「現実買い」相場は一部では見られたもののバイオ全体が最高値を更新するような相場は出現していない。いずれ業績がついてくるころに「現実買い」相場がスタートするのだろう。

テーマや期待は身の回りにいくらでもある。これらは「理想買い」につながる重要な「カタリスト」になり得るので、世の中のちょっとした変化でも見逃さないよう普段から気を配って過ごしていくのがよいだろう。

図表4–4　ヤフーの修正株価（1997年～ 2009年）

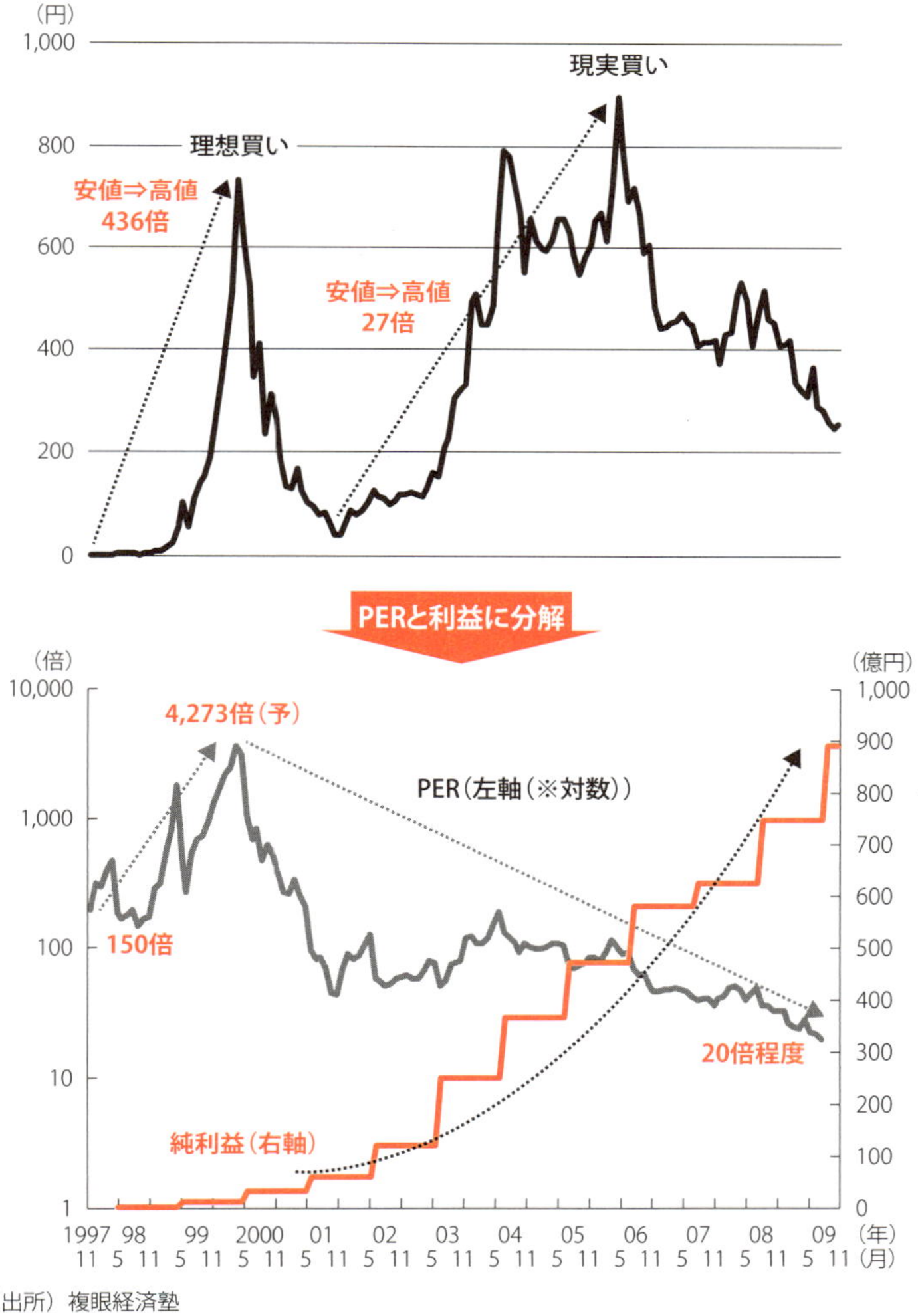

（出所）複眼経済塾

2

決算発表直後と四季報発売前の「空白期間」にお宝銘柄を発見

GWよりも大事な「プラチナウィーク」

年に4回発行される四季報の中で、最も変化の大きい重要な号が6月中旬発売の「夏号」である。この夏号が出る前の1カ月間を、私はお宝探しの絶好のチャンスだと考えている。

こうしたことを述べると、この期間は、四季報を読む必要がないのかと疑問をもたれる方もいるかもしれないが、そうではない。四季報の予想は活用するのだが、他の情報として企業側の予想、つまり会社予想も利用する、という話だ。

なぜなら、上場企業の決算期は約70%が3月に集中。東京証券取引所では「決算期末から45日以内に決算発表をすべし」という、いわゆる「45日ルール」があるので、3月決算企業は5月上旬から中旬にかけて、前期決算と合わせて今期の会社予想を発表することになる。

それを受けて、証券会社の企業アナリストや四季報記者は鉛筆をなめなめ、今期あるいはさらに翌期の業績予想をどうするかをそれぞれ独自にまとめ上げていく。それらが**四季報3集「夏号」に反映され、業績数字は前期実績値、今期予想、新たに出てくる来期予想の3期分が大きく入れ替わるのだ**。

コメント欄もここから約1年の今期の状況について書かれる。つまり四季報3集夏号ではよくも悪くも、内容が大きく変わる銘柄が続出するのだ。四季報予想を大きく上回る数字を出してきた会社は、四季報3集夏号の今期業績予想数字も増額される可能性が高く、有望な銘柄になるだろう。

では個人投資家は、四季報3集夏号の発売や証券会社のリポートを待たなければならないかといえば、そうではない。一昔前までは、個人投資家には手に入れにくかった決算数字も、インターネットの普及した今は誰でも簡単に見られるからだ。

そのため5月初旬から中旬にかけて発表される各社の業績数字を手間暇かけて調べれば、「増収増益」を維持し、さらに四季報予想を上回る強気見通しを出す企業を見つけられるだろう。

当たり前のことだが、最大のポイントはすでに終わった前期実績ではなく、新たに発表される今期の業績見通しに注目することである。**新しい業績予想を出した企業は、いわばリニューアル商品のようなもので、数字の見た目が変わっただけで、評価が一変する場合がある**。

6月中旬に四季報の夏号が発行され、**新しい業績予想が一般に知れ渡るまでには1カ月の空白期間がある**。この1カ月が勝負で、ほかの人が気づく前に先回りして、魅力的なまま放置されている銘柄を見つけ出せる可能性が高い。まさに「ゴールデンウィーク」よりも大事な「プラチナウィーク」ともいうべき重要なシーズンだと考えてほしい。

手を動かして「気づき」を発見

ではどのようにして銘柄を見つけるかだが、便利なものとしては、四季報オンラインの有料コンテンツや最新データランキングを活用したり、スクリーニングで絞り込んだりする方法がある。

一方で、ひたすら自分の力でアナログ的に調べる方法もある。残念ながらこれには手間がかかり、簡単に銘柄を見つけられる方法ではない。しかしコストはかからず、また銘柄を発掘した際の喜びもひとしおのため、まさにお宝探しに近い感覚といえる。自分で少し調べたり、簡単な計算をしたりと、頭と手を動かすことになるが、必ず何か新たな「気づき」が発見できると思うので、実践されることをおすすめしたい。

参考までに私が実践している方法をご紹介しよう。

①「適時開示情報閲覧サービス（通称：TDnet）」で決算短信を見る

上場企業の決算短信を一覧で見られる「TDnet　適時開示情報閲覧サービス」というサイトで、気になる銘柄の「決算短信」を確認しよう。決算短信はすべてに目を通すのが望ましいが、取りあえずは業績数字がまとまっている1ページ目をしっかりチェックしたい。なお、各会社ホームページや証券会社が提供する情報サービスを使って数字を確認してもよい。

「適時開示情報閲覧サービス」では、決算発表と同時に「自社株買い」や「中期経営計画」を打ち出す企業もある。これらの情報が企業から発表されていないか、合わせてチェックしておきたい。もっと突っ込んで、業績が好調な企業が躍進した背景を決算短信のコメントで確認できることもある。その場合は底流に流れている大きなテーマを知ることができ、次はテーマから関連銘柄を探せるようになるはずだ。

②決算短信と四季報春号の業績数字を比較する

すべての数字が大事だが、特に売上高、営業利益の前期実績と今期予想に注目するとよい。これら4つの数字を知るだけでも、増収率や営業増益率という「成長性」や、営業利益率という「稼ぐ力」を確認することができる。なお増収率、営業増益率、営業利益率は四季報にその項目がないため、自分で計算する癖をつけておくとよい。

少し前の事例だが、四季報2015年2集春号のSUBARU（当時富士重工業、7270）のケースを見てみたい。

・四季報2015年2集春号予想

2015年3月期（予）売上高2兆8500億円　営業利益4100億円

2016年3月期（予）売上高3兆円　営業利益4400億円

・決算短信

2015年3月期（実）売上高2兆8779億1300万円　営業利益4230億4500万円

2016年3月期（予）売上高3兆300億　営業利益5030億円

四季報と決算短信を見比べると、2015年3月期実績および2016年3月期予想とも、決算短信の数字が四季報の数字を上回っていたことがわかる。特に会社予想の今期営業利益は四季報予想を15%弱上回る強い数字だったため、会社の今期に対する自信が感じられたのだ。

また決算短信の4つの数字を横に比較すれば、今期増収率は5・3%、営業増益率は18・9%。売上高、営業利益という縦の数字を使えば、営業利益率は16・6%で、同時にすべての数字が市場全体の平均を大きく上回っていることも確認できた。たった4つの数字を見るだけで、SUBARUが「成長性」と「稼ぐ力」を併せ持つ強い会社であることが確認できたのだ。

3 相場が大きく下落したときの銘柄選別とは

大きな変動こそが株式のダイナミズム

相場が大きく下落しているとき、積極的に新しい投資をしようという個人投資家は少数派だと思う。一方で、米国の著名な投資家、ジョン・テンプルトンが語ったとされる非常に有名な相場格言に「強気相場は悲観の中に生まれ、懐疑の中で育ち、楽観の中で成熟し、幸福感の中で消えていく。悲観の極みは最高の買い時であり、楽観の極みは最高の売り時である」というものがある。彼にいわせれば、「悲観の極み」という最悪な局面こそ、最高の買い時という判断もあるのだろう。

過去を振り返れば２０１６年2月、日本の長期金利の指標である10年国債利回りがマイナス金利に突入した。これは日銀のマイナス金利政策とはまったく別の話で、安全・確実で利回りが保証される日本国債が、満期までもつと確実に損するという、今までの常識が完全に覆されてしまった大事件だった。

日経平均株価は2015年8月から半年で約30%下落、東証1部の時価総額は約150兆円も減少した。150兆円という数字はとてつもなく大きく、国家予算の1・5倍、日本の国内総生産（GDP）の3割に相当する。2015（平成27）年11月には郵政3社が大型上場し、10兆円以上もの押し上げ効果があったにもかかわらず、である。

そのため今後、さらに年金の減額や消費マインドの低下につながり、日本はピンチに陥るのではとの悲観論が日増しに増加。あらためて株式のリスクが意識された。

このような状況下でいったい誰が株式を買うのかと、疑問に感じた方も多いだろう。しかし一方で、このような大きな変動こそが株式のダイナミズムであり、「ピンチはチャンス」ととらえる投資家がいるのも事実である。

会社四季報オンラインを活用して銘柄探し

相場が大きく下落したときは、どのような企業の株を買ったらよいのだろうか。銘柄選別の切り口について、私の考え方をいくつかお伝えしたい。

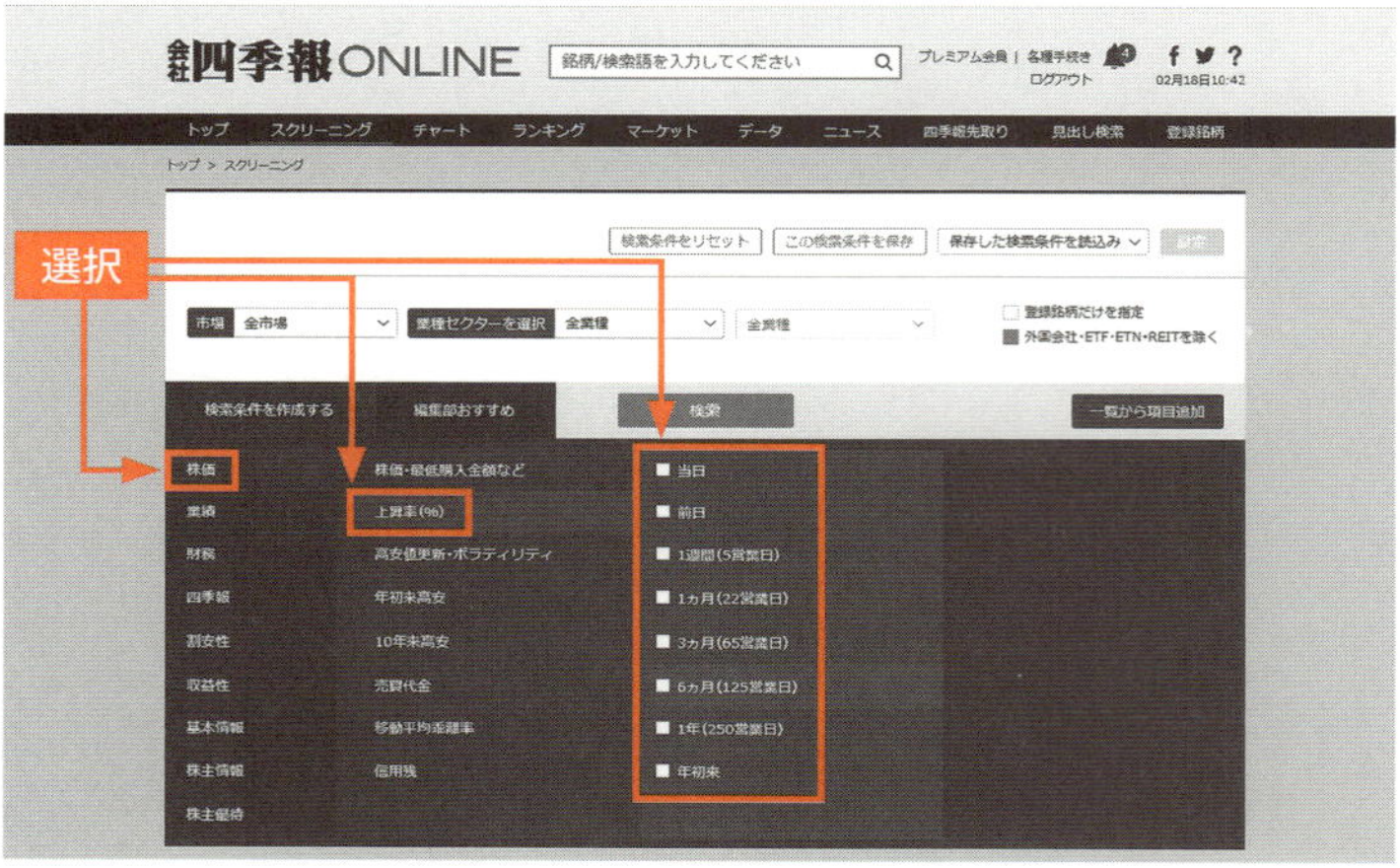

③「株価」の項目から「上昇率（%）」と期間を選ぶ

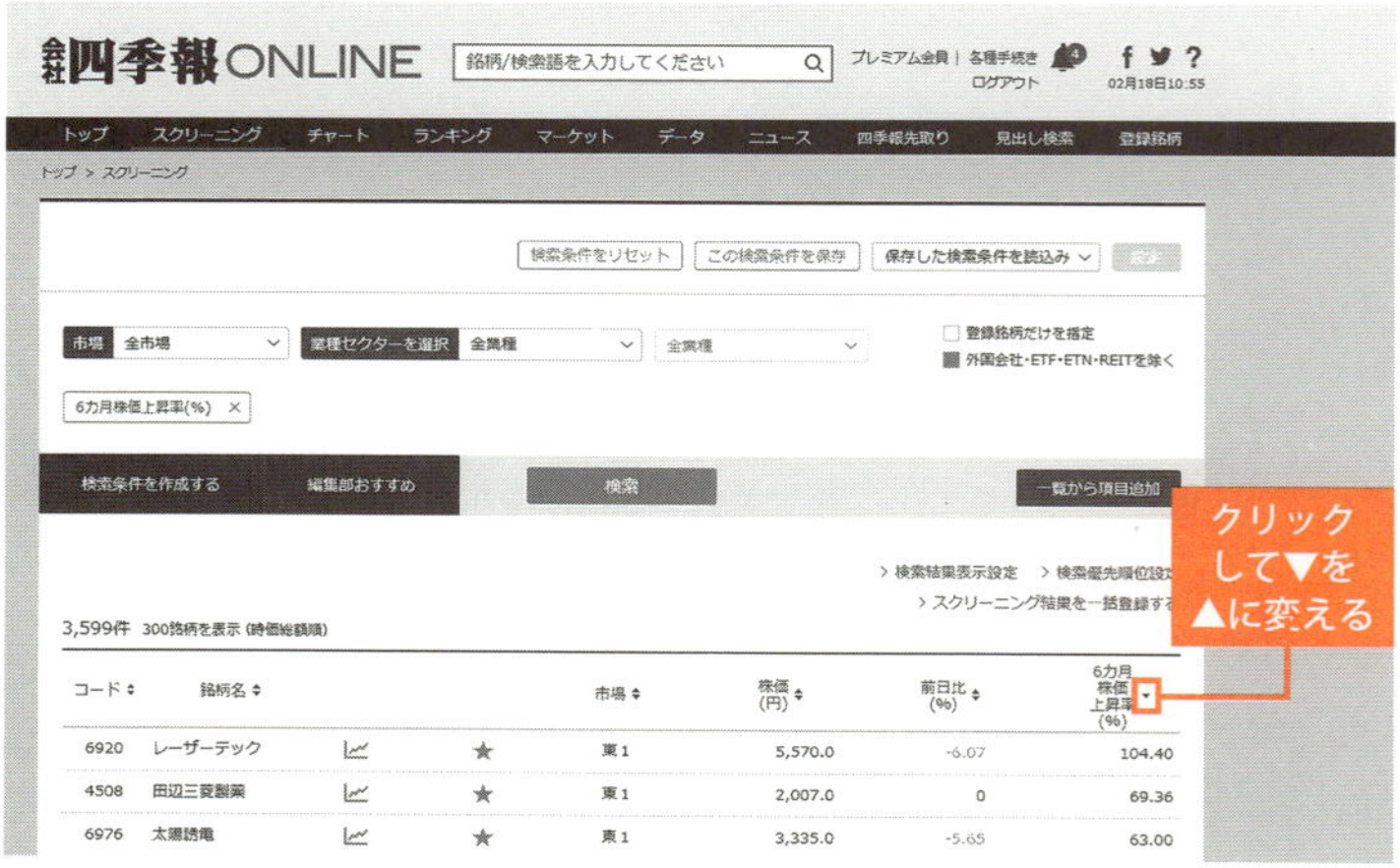

④「小さい順」に並び変える。▼が▲になるようにクリック。

図表4–5　会社四季報オンラインのスクリーニング術（リターンリバーサル銘柄）

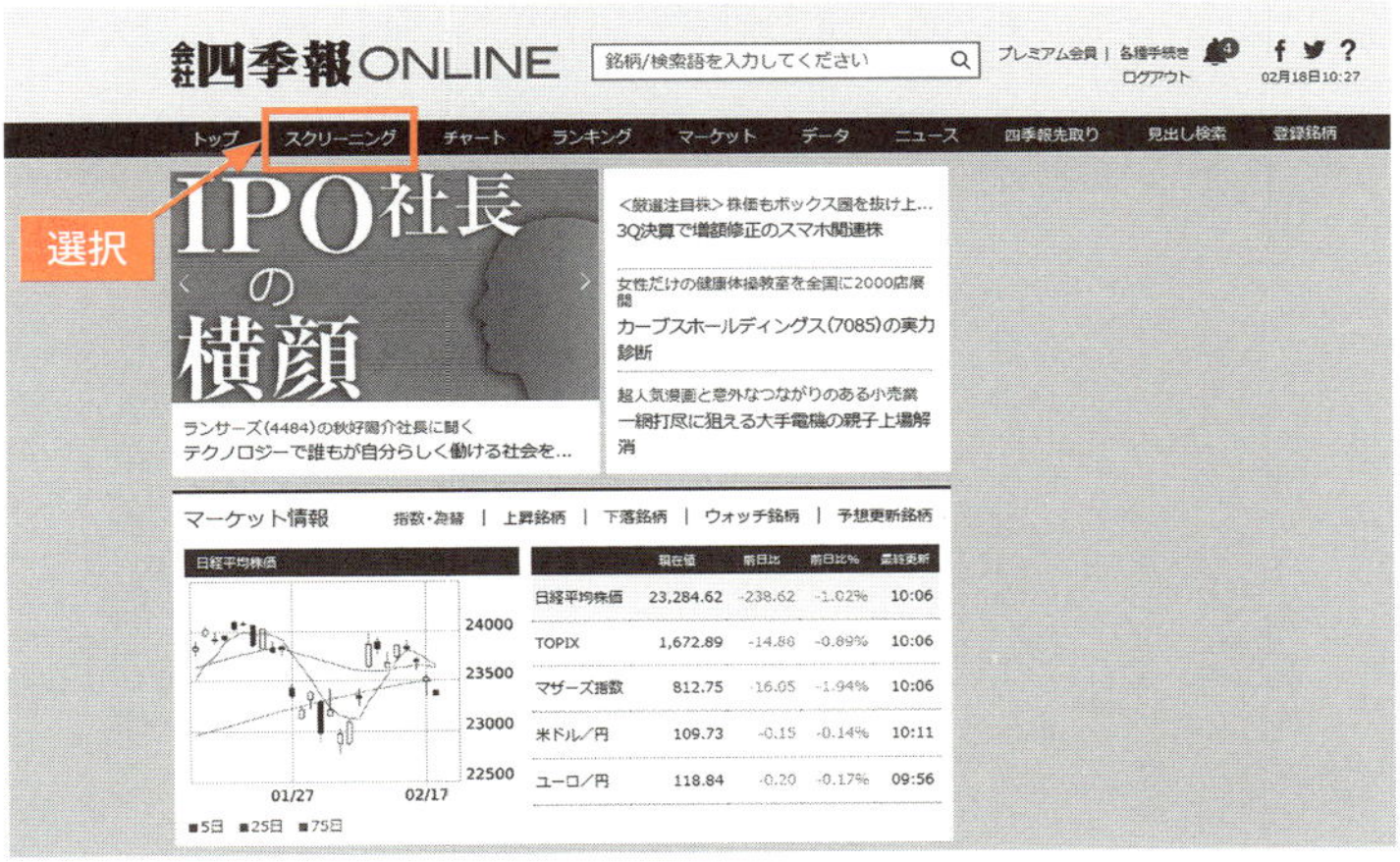

①トップページから「スクリーニング」の画面へ移動

②画面の左側から「検索条件を作成する」を選択

まず1つ目に**注目したいのは下落局面で日経平均や東証株価指数（TOPIX）の下落率を大きく上回って下落した銘柄である**。これは相場が大きく下がった分だけ、戻しの相場も大きくなるという可能性を狙った、いわゆる**「リターンリバーサル」銘柄**といわれるものだ。

銘柄の選別は、四季報オンラインのスクリーニング機能（有料会員）を使えば簡単にできる（図表4−5）。具体的な手順は「スクリーニング」の画面で「検索条件を作成する」を押し、「株価」「上昇率（%）」を選択。次に期間を選択する。そうすれば該当銘柄の一覧が表示されるので、「小さい順」に並べ替えて選べばよい（今回のように下落率の大きい銘柄を検索する場合は小さい順で検索）。

例えば2018年4月4日に、時価総額が1000億円以上の東証1部銘柄で6カ月上昇率を検索すると、下落率上位に図表4−6のような銘柄が出てくる。

このようによく知られる優良企業も出てくるが、もし業績に問題がなければ冒頭で紹介したテンプルトンがいうところの、リスクも織り込んだ「悲観の極み」の水準にいる可能性がある。

2つ目に注目したいのが、**下落相場でもしっかり業績を出している企業**である。こちらも四季報オンライン（有料会員）を使い、「ランキング」ページの「業績予想」から、「上

図表4-6　会社四季報オンラインで下落率上位を探す

上昇率（%）で検索

コード	企業名	上昇率（%）小さい順
8358	スルガ銀行	−39.3
7867	タカラトミー	−31.6
5214	日本電気硝子	−31.1
3668	コロプラ	−30.8
4755	楽天	−30.5
6724	セイコーエプソン	−30.4
5105	東洋ゴム工業	−27.5
2282	日本ハム	−27.2
TOPIX		1.7

（注）2018年4月4日現在
（出所）複眼経済塾

方修正　前号比」の一覧を見て探せばよい。
この一覧は、最新の業績予想が四季報の前号に掲載された数字より上方修正された銘柄をランキングした一覧である。直近に修正された、まだ誰も気づいていないようなお宝銘柄がたくさん並んでいるので、積極的に確認したい。

こちらも図表4-7に2018年4月4日現在で上方修正額の大きい銘柄をあげてみた。

「しっかり業績を出している」という切り口では、「稼ぐ力が強い会社」、すなわち売上高営業利益率、あるいは経営利益率が高い企業も有望である。

もちろん営業利益率と経常利益率は別物だ。営業利益は本業に必要な経費を差し引

図表4-7　会社四季報オンラインで上方修正額上位を探す

前号比上方修正の更新率が大きい銘柄　　（単位：百万円）

コード	社名（市場）	最新経常益	前号経常益	更新額	更新率（%）
6425	ユニバーサルエンターテインメント（JS）	245,100	16,400	228,700	1,394.5
4523	エーザイ（東1）	81,200	59,000	22,200	37.6
6737	EIZO（東1）	9,600	8,100	1,500	18.5
8697	日本取引所グループ（東1）	72,500	61,500	11,000	17.9
5938	LIXILグループ（東1）	92,000	80,000	12,000	15.0
9502	中部電力（東1）	125,000	110,000	15,000	13.6

（注）2018年4月4日現在
（出所）複眼経済塾

いて得られた利益のこと。一方の経常利益は、営業利益に受取利息や配当金など本業以外の損益を加味したものとなる。そのため、営業利益より経常利益が高いケースや、その逆もあり得る。私はシンプルに「本業そのものの稼ぐ力」として営業利益をまず見るが、財務活動も勘案した「企業全体の強さ」として経常利益を重視する場合が多い。

そのため、スクリーニングのときには「営業利益率＝経常利益率」と考えてもよいが、厳密には違うものなので注意すべきケースもある。例えば持分法株会社の配当を得ている商社や、キックバックとも呼ばれる販売奨励金で利益を膨らませている小売業などでは、営業利益率より経常利益率のほうが高い。中には営業利益が赤字でも、経常利益で黒字になる企業もあったぐらいだ。そのため、商社や小売業の銘柄を見るときは、四季報をめくって一社一社、営業利益と経常利益に大きな差がないか、確認したほうがよいだろう。

自社株買いを発表した企業に注目

3つ目の注目は**下落局面で自社株買いを実施すると発表した企業**だ。

少し前の話だが例えば2016年2月には、ファナック（6954）が6年半ぶりの自社株買いを発表した。これは2015年4月に上場来高値となる2万8575円をつけた後、業績を下方修正し株価が高値から半値近くまで下げたタイミングでの発表だった。

このような自社株買いの効果については、発表から2、3日もすると、短期的な需給やさらにその思惑に乗っかって短期売買を志向するヘッジファンドのような投資家から、「自社株買いのネタは織り込み済みでもうおしまい」と評されることが多い。

しかし本来は、自社株買いを実施する企業の思いはもっと深いところにあるはずだ。企業経営者は常にリスクを考え、大切な資金をどこに置くべきか悩んでいる。それでも「自社株買い」を実施するということは、経営者が迷いに迷って、最終的に**最も安全で確実な資金の置き場は「自社株」だと判断したということであるし、自社の業績に自信がある証拠でもある。**それは経営者がどこの誰よりもその企業のことをよく知っているからにほかならない。

自社株買いを実施する企業の中には業績を下方修正したところもある。しかし、それでも自社株買いに踏み切るのは、**短期の業績はともかく中長期的の展望には自信がある証拠**である。これは暗に、**企業が自社株の〝買い推奨〟をしている**ようなもので、何に投資するべきか悩む局面では、非常に明確なメッセージを発していると見てもよいだろう。

4 右肩下がりの銘柄から見つけろ

順張りか・逆張りかのどっちが正しいのか?

株価がすでに高値圏にあっても、さらなる株価上昇を目指して、右肩上がりの上昇相場に乗っかっていくことを「順張《じゅんば》り」という。逆に、ほかの銘柄に比べて株価が出遅れている銘柄や、むしろ株価が下がってしまっている銘柄を買いにいくことは「逆張《ぎゃくば》り」と呼ばれる。

「順張り」「逆張り」のどちらが正しいかについては、野球の右打ち・左打ちのような話であり、どちらが得意で、自分に合っているか、というだけのことである。一般的に、**相場展開が強いことが予想される中では、「順張り」の手法がうまくいく**。一方で、**大きな**

リターンを求めるのであれば、当然、「逆張り」を狙うほうがリターンは大きい。

第3章で紹介したRIZAPの事例を見ても、ぐっと落ち込んだ時期で買っていれば1000倍株になった一方、その後、切り返して上昇していく途中で買っても3倍、4倍の利益は得られている。どちらがよくて、どちらが悪いという話ではない。

チャートにはすべてが織り込まれている

チャートに対する考え方は、人によってさまざまだ。私個人は、**チャートには基本的にすべてが織り込まれている**と考えている。これは大正時代の罫線学の本にある、「足取表にはそのときの出来事、人気がすべて織り込まれ、さらに今日の罫線には明日の相場の要因が含まれている」と同じ考え方である。

そのため四季報読破から銘柄選別をする際に、コメント、財務、業績を確認した上で、最後の最後にチャートを見て、その銘柄を選ぶか、選ばないかを判断することもよくある。

では、なぜチャートにすべてが織り込まれているのか。いいかえれば、なぜチャートには先見性があるのかだ。

その答えとして私は、「どの会社にも、一般的に知り得る情報より、よりくわしく内部の事情を知る人々が存在するから」だと考えている。これは決してインサイダー情報が存在するといっているのではなく、会社には身近な人がたくさんいるという事実をいっているのだ。

例えば従業員は自分の会社が繁盛しているのか、それとも厳しいのかは自分の業務を通じて感じるだろう。取引先も同じく、その会社がどんな状況かは実際の取引を通じて感じるはずだ。また、トラック運送などの物流業者は、原料の入荷量や完成品の出荷量を通じてその工場の稼働率がわかるだろうし、地元住民も事務所の電気が夜遅くまでついていることや、煙突から出ている煙で会社の景況感をもつことができる。

このように会社の状況を把握できる人はいくらでもいる。空気を読むのが上手な日本人であれば、必ずしも業績数字がなくとも、その会社の景況感を何となく推し量れる。中には実際に投資行動を起こしている人もいるはずで、そのような小さな草の根的な動きが徐々に株価に織り込まれ、チャートが先見性をもつようになるのだろう。

そういう意味では、四季報の記者も長年上場企業を取材し、会社をよく知る身近な1人だ。記者が感じた会社の雰囲気が、そのまま業績欄やコメント欄に表れると考えても不思議ではない。つまり四季報の業績欄やコメント欄には先行きが織り込まれていると考えられ、そこからトレンドの変化を感じ取れるのだ。

「チャートにはすべてが織り込まれている」と考える一方、注意すべき点もある

それは四季報のコメントや業績予想がピカピカで素晴らしく見えても、すでにチャートにトレンド変化の兆しが出ている銘柄は、株価下落に注意する必要があるということだ。

これは過去の業績や足元の業績だけに注目してコメントが書かれる銘柄が当てはまる。決算数字は神聖なものに間違いないが、一方で終わった過去の数字というのも事実で、すでに株価に織り込まれている可能性が高い。そのためコメントが過去についてのものなのか、将来についてのものなのかを見極めることが重要である。

また業績絶好調の企業は、足元の業績のみならず先行きの期待まで織り込まれ、株価はすでにプレミアム評価されている可能性がある。逆のケースもしかりで、たとえ業績予想やコメントが悪くて魅力的に見えなくても、チャートに株価上昇の兆しが見えているのならば、その銘柄の買いを検討するべきだろう。

いずれの場合でも、**チャートの変化に注意したほうがいい**。

「枯れ切った」銘柄が大化けすることも

一方、まったく違った切り口で四季報を見てみると、中にはコメントも悪く、チャート

図表4-8　株価サイクルのイメージ

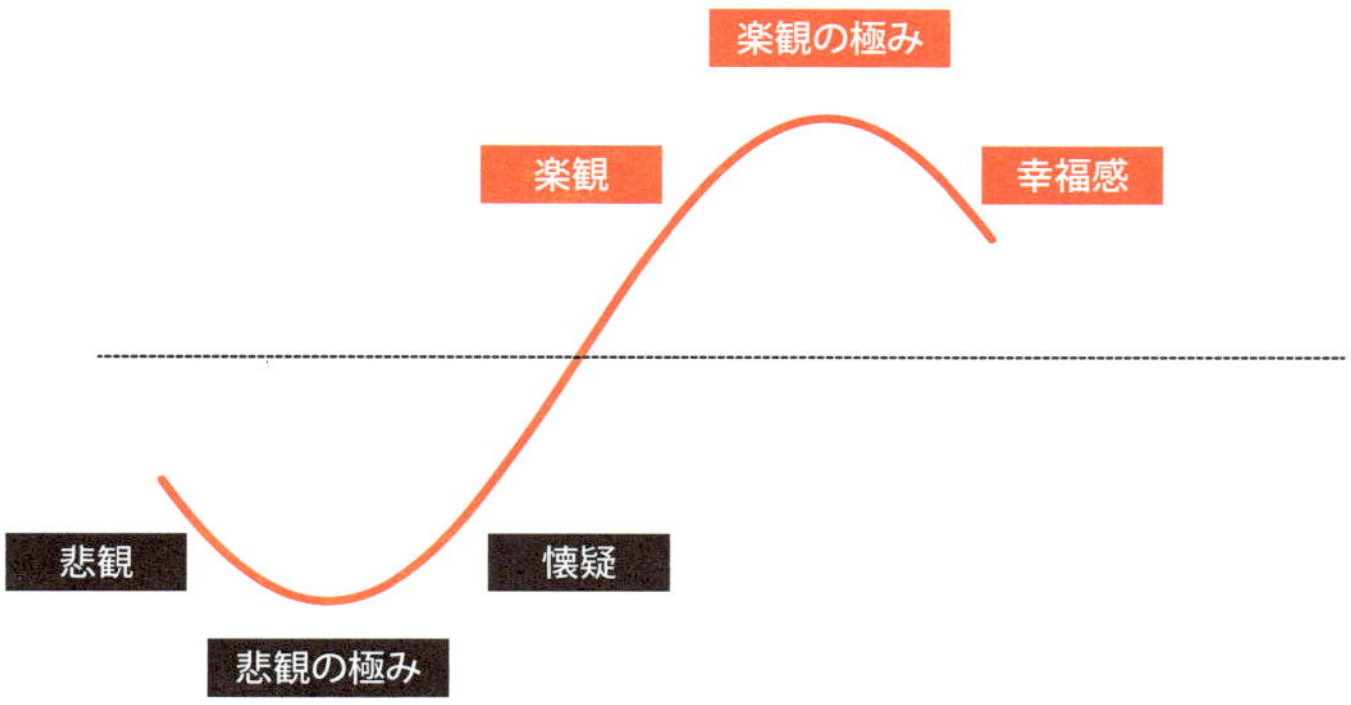

（出所）複眼経済塾

も下げ切った、いわゆる「枯れ切った」銘柄がある。「悪材料出尽くし銘柄」といってもいいかもしれないが、米国の投資家ジョン・テンプルトン氏による「強気相場は悲観の中に生まれ、懐疑の中で育ち、楽観の中で成熟し、幸福感の中で消えていく。悲観の極みは最高の買い時であり、楽観の極みは最高の売り時である」でいえば、まさに「悲観の極み」にある銘柄である。

例えば、四季報２０１５年３集夏号からは眼鏡の卸・小売り専業大手の愛眼（９８５４）のチャート（図表4-9）に、そのような感じを受けた。結果、その後も株価は下がり続け、２０１６年11月には最安値１８４円をつけたが、２０１７年12月には最高値８６１円まで急騰した。

図表4-9　愛眼のチャート

2015年3集夏号

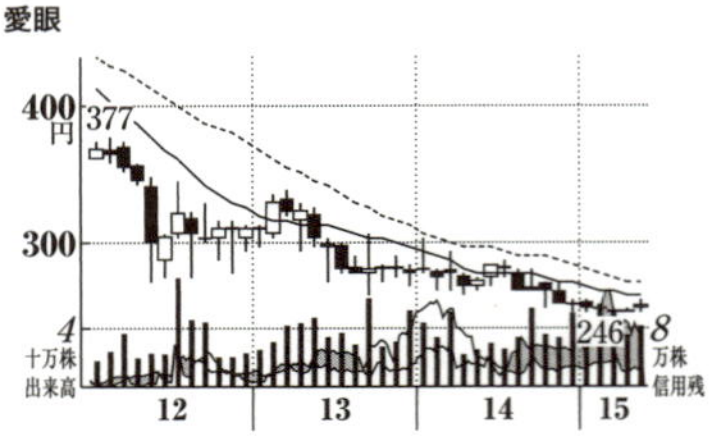

2018年2集春号

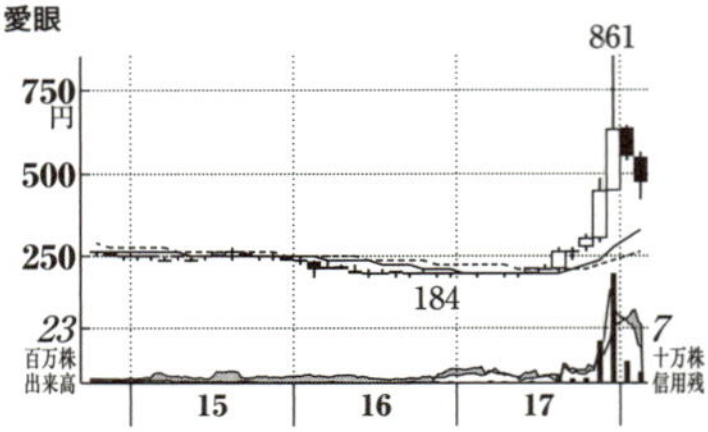

（出所）『会社四季報』2015年3集夏号、2018年2集春号

このような銘柄は、**チャートが右肩下がりの銘柄の中から見つけることができるが、会社の存続さえ問題がなければ、少々時間がかかっても大化けする可能性を秘めている。**よく見極めて選べば、お宝銘柄になる可能性があるだろう。

5 10倍株を探すときに役立つ投資格言はどれだ？

「売るべし買うべし休むべし」や「休むも相場」

江戸時代のコメ相場から伝えられてきた教えをはじめ、日本には数多くの相場格言がある。相場格言は、今でも投資の本質や心構えを指南する教えとして投資家の心理をとらえている。

例えば、罫線（テクニカル分析）の創始者で相場の神様とたたえられる本間宗久《そうきゅう》翁の教えには「酒田五法」という奥義がある。そのうち、売り・買いに加えて「休む」ことも大事だと説く「三法」では、「売るべし買うべし休むべし」や「休むも相場」といった教えが伝えられている。

相場の下落時や方向性がわからないときは休むことが大事、というのは、シンプルだが非常に奥深い教えだと思う。

米国のウォール街でも名言や格言といわれるものは数多く伝わっていて、「落ちるナイフはつかむな」は日本でも有名だ。『ピーター・リンチの株で勝つ』では「ナイフが地面に突き刺さり、しばらく揺れ動いた後に、しっかり止まってからつかむのが、正しいやり方だ」と書いている。これは、下落している株を底値で買おうとする行為は、落ちてくるナイフを素手でつかむのと同じぐらい危険であり、株価が下がり切ってなおかつ、相場が落ち着くまで手を出さないほうがよい、という意味だ。

似たような言葉で、日本の相場格言にも「下手なナンピン、すかんぴん」というのがある。ナンピン買いとは、保有株が下落した際に「買い増し」を行い、株の平均取得単価を下げるという手法。うまくいけばよいが、失敗すると文無し、素寒貧《すかんぴん》になってしまうと警告している。

これらの格言からは「相場が混沌《こんとん》とするときは、中長期で保有する銘柄を除いて売却できる銘柄はいったん全部現金化する。そして株式市場から離れ、静観するのが大事」といった教えが読み取れるだろう。

一方で「休むとはただの休みと思うなよ、次の仕掛けのもととなるなり」という格言もある。これは「休むも相場」のときにただ休むのではなく、今までの相場を振り返って検証し、足元のマクロ環境や企業動向をじっくり分析した上で、今後の銘柄をしっかり考えろということである。

「人の行く裏に道あり花の山」

「虎穴に入らずんば虎子を得ず」のように、「リスクをとらなければ何も得ることはできない」や、「ほかの人とは逆の行動をとることが成功への近道」などと教える格言もある。

中でも有名なのが「人の行く裏に道あり花の山」だ。

これは、**皆と同じことをしても儲けは少なく、他人がやらないことをやってはじめて大きな成果が生まれるということを教えている**。多くの人が不安や恐怖を抱く株価下落時に勇気を出して買い向かえる投資家こそ、その後一番大きな利益を手にすることができるというわけだ。

そのほかにも「人が売る時に買い、人が買う時に売れ」「悲観を買って楽観を売れ」「ショック安は最大の買い場」「弱気一色は買い信号」などいろいろあるが、基本的に考え方は同じと考えてよい。

これらの格言から、単純に直近株価が一番大きく下がった銘柄を選んで買うというやり方が見えてくる。こうした銘柄を探すには四季報オンラインのスクリーニング機能を活用し、例えば「株価」項目から「3カ月リターン（%）」を選択。下落率の大きな銘柄からピックアップすればよい。設定期間も前日比から1年リターンまでさまざまな期間で選ぶことができるので、それぞれの投資スタンスに合わせた選択が可能だ。

「まだはもうなり、もうはまだなり」

最後に投資家心理を非常によく表した相場格言を紹介したい。それは「もうはまだなり、まだはもうなり」である。

株式相場が急落し、**「いい加減、もうそろそろよいだろう」と思いたくなる局面はよくある。しかし、もう大底をついたと安心していると、まだまださらに大きく下がるリスクもある**。それこそが、この格言が指摘する「もう」は「まだ」なり。そういうときは、しばらく慎重に大底を見極め、銘柄を選んでいきたいところである。

ほかにもたくさんの相場格言があり、日本証券業協会のホームページでも、過去に出版された小冊子『格言は生きている』の内容を紹介している。すでに20年以上前に廃刊になった小冊子だが、相場格言を解説した資料についての問い合わせが多く、ホームページでの再掲にいたったという。

格言の中には矛盾する内容もある。かつての米相場で生まれた格言であれば、教えをそのまま株式投資に応用するには無理があるだろう。

一方、**10倍株探しを指南する本書で私が伝えたい内容は、格言の「人の行く裏に道あり花の山」そのものだ。**

突き詰めるところ、相場格言とは「神社のおみくじ」みたいなものではないだろうか。格言にしたがって投資行動を決めるのはおすすめしないが、迷ったときやどうしたらよいかわからないとき、ちょっと背中を押してくれる存在だと思う。

前述した日本証券業協会のホームページでも「最終の決断に際して、何かに拠りどころを求める、その役目を格言が果たしているといえそうです。ですから、あくまで客観的な情報分析をベースとして、投資判断の参考としてこれらの格言を活用することが望ましいといえます」と書かれている。

10倍株を探すときにも、迷いはたくさん生じるだろう。そのようなときに、古くから言い伝えられてきた格言を参考にしてみるのもよいかもしれない。

6 中興の祖に注目！

歴史に残る「中興の祖」

「中興の祖」という言葉をご存じかと思う。「中興の祖」とは、危機的状況や停滞した状況を再び盛り上げ、業績を回復させるなど多大な功績を残し、のちに歴史的評価をされた統治者や経営者とされている。

「中興の祖」で有名なのが江戸幕府8代将軍・徳川吉宗だ。吉宗は増税と質素倹約による幕政改革や、新田開発などの公共政策、目安箱の設置といった「享保の改革」を断行。破綻しかけていた財政を立て直したことから、江戸幕府の「中興の祖」と呼ばれ、江戸時代を代表する名君の1人とされている。

ちなみに吉宗は株式市場に携わるものにとって非常に関係が深い。なぜなら政策の1つとして1730（享保15）年、大坂堂島の米市場を幕府公認の市場とした人物だからだ。さらに先物取引（空米取引）を容認し、世界で最初の本格的な先物取引市場をつくり上げた。そのため吉宗は米将軍（八十八将軍）と呼ばれたそうだ。

大坂堂島の米市場では罫線（チャート）が用いられ、その後、長い歴史の中でさまざまな手法、経験則などが蓄積されていく。これがチャートを見て投資タイミングを判断する現在のテクニカル分析（罫線学）に発展した点でも、その功績は大きい。

2015年11月4日に上場した日本郵政にも「中興の祖」ならぬ「郵便中興の恩人」といわれる人物がいた。それは明治30年代、逓信省（のちの郵政省）の枢要なポストにあった坂野鉄次郎氏である。

明治時代半ば、経済や文化の発展にともない、郵便制度はさまざまな面で改善の必要に迫られた一方、コストをかけられない困難な状況にあった。

そこで坂野氏は郵便の速達化と正確化のために、郵便局の仕事の仕組みを先駆的精神で科学的に分析して、新しい仕組みをつくり上げた。鉄道郵便車の拡充、郵便を運ぶ郵便線路（鉄道、航空、船舶、自動車のルート）の確立、一般地図の表示事項以外に道路の里程や集落ごとの戸数まで記入する通信地図の創案、郵便物区分規程の制定、年賀状を特別に取り扱う制度などである。

日本には古くから年賀状を書く風習があり、平安時代に藤原明衡《ふじわらあきひら》が著した手紙の文例集『雲州消息』の中にすでに年賀のあいさつが含まれているそうだ。坂野氏がつくり上げた制度により、1900（明治33）年には、12月中に差し出された年賀状は1月1日の日付を押し、元日以降に配達されるようになった。年賀状も含め毎年220億通の郵便取扱物が正確に配達されるのが当たり前になったのは、坂野氏の功績によるものが大きい。

将来、「中興の祖」と呼ばれるような人物とは

将来、「中興の祖」と呼ばれる可能性のある人物は誰かと考えれば、頭に浮かぶのは日産自動車（7201）の元会長、カルロス・ゴーン氏だ。

ゴーン氏は日産自動車に43・4％を出資する、筆頭株主・ルノーの取締役会長兼最高経営責任者。日産自動車とルノーの資本関係について、背景を過去の四季報記事で振り返ってみよう。

日産自動車の四季報1999年2集春号【特色】欄コメントを見ると「業界第2位……リストラや外資との提携模索し生き残りに必死」と書かれており、危機的な状況がうかが

える。

そして四季報1999年3集夏号のコメントでは「ルノーと資本提携、36・8％出資。手元資金除いた連結有利子負債は今期末2・4兆円計画（前期末2・9兆円）」とのこと。日産自動車はルノーとの資本提携に踏み切り、有利子負債の削減を急いだのだった。

その後、「ゴーン最高執行責任者体制が始動、10月再建案提示」（四季報1999年4集秋号コメント）という流れから、「ゴーン改革」といわれた再建策が実行される。

これにより純利益は2000年3月期6844億円の赤字から、6年後の2006年3月期には1兆円以上の収益が改善。過去最高純益5180億円をたたき出すV字回復を遂げ、その間の株価も400円前後から高値まで約4倍に上昇した。

しかし、ゴーン氏は2018年に金融商品取引法違反容疑で逮捕、起訴された。有価証券報告書に役員報酬を過小記載したという容疑である。その後、海外渡航の禁止条件付きの保釈中だったのにもかかわらず、レバノンに逃亡。ルノーとの資本提携が正しかったか、改革のやり方がよかったかどうかは別として、危機的な状況からの業績回復という点に注目すれば、中興の祖といえる。

「マネジメントのプロ」という切り口で「中興の祖」を探してみれば、MonotaRO

（3064）会長で、LIXILグループ（5938）取締役・代表執行役社長でもある瀬戸欣哉氏が思いつく。

MonotaROは工場・工事用間接資材のネット通販を手がけ、四季報にも「工具のアマゾンとも呼ばれる」と紹介されている。瀬戸氏は創業者の1人で、2006（平成18）年の上場から10年で時価総額を44倍に上昇させた実績がある。一方で2016（平成28）年には住宅設備最大手LIXILグループから招聘され、現在は、MonotaROで取締役会長（非常勤）の立場ながら、同グループの取締役・代表執行役社長兼最高経営責任者（CEO）や、株式会社LIXILの代表取締役社長兼CEOなどを務めている。私には、瀬戸氏が将来、同グループの「中興の祖」になるのではないか、という期待が大いにあるのだ。

このように10倍株を探すときには、**創業者やオーナー経営者だけではなく、途中から会社に加わり「ビジネスのプロ」として手腕を発揮する「中興の祖」に注目してみるのも興味深い。**

もちろん外部から招聘された人物は、オーナー側との方針の違いなどがあれば賛否両論が巻き起こる。しかし、会社の業績が停滞している時期に、その人物が事業を立て直せば株価も大きく回復するはずだ。**1つの切り口として、将来、「中興の祖」になり得る人物が率いている会社に注目してみてほしい。**

7 政策・国策から大相場の初動に気づく

「相場は相場に聞け」は正しい

どれだけ投資の経験を積んでいても、相場の先行きがわからないというときがある。例えば、本書の執筆している真っ最中であった2018年の株式相場は先行きがわからないという点ではうってつけの例だ。

2018年の大発会（証券取引所の初日）から日経平均が700円以上上昇するなど堅調な滑り出しとなり、1月の高値は26年ぶりの2万4000円台を回復。NYダウもほぼ連日史上最高値を更新するという活況な相場が続いた。

しかし仮想通貨業者のコインチェックから580億円が流出したというニュースが流れ

ると雲行きは怪しくなり、2月になると、日経平均の日中の下げ幅が一時1600円、NYダウでは1500ドル下がるという、いわゆるVIXショックに見舞われた。VIXはボラティリティ・インデックスの略称で、別名は恐怖指数と呼ばれており、投資家心理を示す指数。これが急上昇したことで株価は下落し、VIXがさらに上昇し株価下落……という無限ループが起き、VIXショックと呼ばれる急落相場になった。

さらに3月に入ると米国トランプ大統領は突如、鉄鋼とアルミに高い関税を課すことを発表。これは36年ぶりの出来事だが、それだけにとどまらず、中国に対しては合計で1600億ドルもの関税をかけることを立て続けに発表した。また米朝首脳会談の開催が報道される一方、フェイスブックの個人情報が不正利用されるといった報道もなされ、先行きが不透明の中、相場は不安定な状況が続いている。

相場の先行きがわからないときは、相場格言である「相場は相場に聞け」が正しい。上昇している銘柄から今流れているテーマをしっかり把握し、今後の投資のヒントにすることが大事なのである。

会社四季報オンライン&四季報で相場全体のテーマを探す

その「相場は相場に聞く」方法の1つが、四季報オンラインや四季報コメントを参考にすることである。

具体的なやり方の一例は、四季報オンラインのスクリーニング機能を使って、検索条件の「株価」から「上昇率（％）」の「３カ月（65営業日）」、「年初来高安」の「年初来安値」「年初来高値」を加え、「３カ月株価上昇率（％）」の大きい順にランキングして一覧を作成するものだ。これにより「３カ月株価上昇率（％）」上位銘柄、「東洋経済業種（細分類）」という項目からどのような業種かがわかり、一手間加えると年初来安値から高値までの上昇率も確認することができる。

参考までに２０１８年４月12日現在でスクリーニングした結果（図表4−10）を見てみると、東洋経済業種ではいろいろなキーワードが見えてくる。さらにもう一歩踏み込んで四季報のページをめくってコメントを確認するとより具体的な内容が見えてくるだろう。

例えば年初来安値と高値を比べて約11倍になっていたオウケイウェイヴ（３８０８）は、東洋経済業種（細分類）で「各種Ｗｅｂサイト」に分類されるが、これだけでは情報不足で株価上昇の背景がよくわからなかった。しかし、四季報のコメント欄を見ると「【仮想通貨】ＩＣＯ（独自仮想通貨発行による資金調達）のコンサル事業で投資アドバイザリー企業と提携、案件開拓。自社でのＩＣＯや取引所登録申請に向けても準備」と書かれており、仮想通貨の次の展開が始まっているような感じを受けた。

図表4-10　3カ月リターン上位10銘柄

3カ月リターン上位10銘柄（2018年4月12日現在、高値・安値は円）

コード	企業名	東洋経済業種	3カ月リターン	年初来安値	年初来高値	安値・高値リターン
3808	オウケイウェイヴ	各種Webサイト	657%	6,900	600	1050%
7776	セルシード	バイオベンチャー	250%	2,020	451	348%
3784	ヴィンクス	システム運用	217%	2,380	567	320%
4664	RSC	ビルメンテナンス	200%	1,962	580	238%
4824	メディアシーク	携帯電話向けシステム開発	192%	1,447	440	229%
6835	アライドテレシスHDS	放送・通信機器	184%	286	62	361%
3953	大村紙業	梱包資材	180%	3,895	700	456%
9446	サカイホールディングス	携帯電話販売	155%	1,950	651	200%
4287	ジャストプランニング	パッケージソフト（その他）	147%	2,649	905	193%
2471	エスプール	人材派遣・請負	134%	1,634	583	180%

（出所）複眼経済塾

同じように四季報の【特色】欄やコメントをそれぞれ確認していくと、セルシード（7776）は「再生医療のバイオベンチャー」、ヴィンクス（3784）は【無人レジ】、RSC（4664）は「五輪前イベント開催増、採算見極め受注狙う」、大村紙業（3953）は「段ボールケースが引き続き通販向けなど安定増」、サカイホールディングス（9446）は「収益の柱は太陽光発電が担う」と書かれていた。

つまり四季報コメントをちょっと確認すれば、「ICO」「再生医療」「無人レジ」「五輪」「通販」「太陽光発電」といった非常に大きな流れに乗っていて、かつわかりやすいテーマが見えてくるのだ。

少し前の話だが、2016年4月に同様のスクリーニングをした際は、「バイオベンチャー」「IoT」「VR（バーチャルリアリティー）」「人工知能（AI）」「民泊」といったテーマが見えてきた。

これらのテーマは2016年4月19日にまとめられたGDP600兆円に向けた成長戦略「官民戦略プロジェクト10」に、ほぼすべてが絡んでいた。つまりは民間も巻き込んだ「国策」のテーマだったのだ。

具体的には、10のプロジェクトの1番目が「1-1・新たな有望成長市場の創出」で、さらにその詳細の1番が「①第4次産業革命の実現～IoT・ビッグデータ・AI・ロボット～」だった。「第4次産業革命の実現」はさすが国策とあって具体的な数値目標も明記し、2020年までに30兆円の付加価値を創出するとしている。

同じ年の2016年、ソフトバンクグループ（9984）が半導体関連企業のイギリス・アーム社を買収した。アーム社はスマートフォンに搭載される通信用半導体の回路設計で世界シェア9割超を握っている。買収額は3兆3000億円で、日本企業としては9年ぶりの記録更新となる過去最大の買収だった。

この買収は、孫社長が「あらゆるモノがインターネットにつながる『ＩｏＴ』が爆発的に伸びる入り口で買収することができた」とコメントしたように、狙いはずばり「ＩｏＴ」だった。

あらゆるモノがインターネットにつながる「ＩｏＴ」の時代が到来するなら、そこには必ず半導体チップが必要になる。その根幹を押さえつつ、ソフトバンクは実業として国策の1つでもある「ＩｏＴ」を次の成長エンジンととらえ、巨額投資をしたのだ。

ソフトバンクグループのアーム社買収は、個人投資家には想像も及ばない巨額な投資である。しかし、完全に国策の「成長戦略1丁目1番地」に位置している「ＩｏＴ」の本命としてアーム社に着目した点は参考にしたい。

このように**将来を見据えた政策や国策が出されたときは、その内容を一つひとつ丁寧に見ていくことが、今後の株式市場のテーマを考える上で大きなヒント**になる。そこからテーマと銘柄をよく吟味し、タイミングを見て投資を検討することや、逆にこれらのキーワードを四季報オンラインの検索機能に入力して、関連銘柄を探すというのは非常に賢明なやり方だと思う。

これからも、**国策テーマに沿って動き出す、大相場の初動を見逃さないように**したい。

8 大化け続出の低位株がなくなる？

低位株がなくなる由々しき事情

東京証券取引所をはじめとする全国の証券取引所は、2018（平成30）年10月を目標に、すべての上場企業の株式売買単位を100株に統一するための取り組みを進めてきた。この「100株統一」は2007（平成19）年11月から始まり、これまで**1000株単位だった上場会社に対しては、100株単位への移行が求められていた。そのため、10株を1株に株式併合させる企業が相次いだ**のだった。

そもそも米国では現物取引は1株単位、信用取引は100株単位、欧州では1株単位が主流の中、日本には売買単位が「1000株」「100株」「1株」のほか、「10株」「50株」

「200株」「500株」「2000株」と、8種類もある。そのことが投資家の利便性を低下させる一因となり、そして2005（平成17）年12月に発生した「ジェイコム誤発注事件」のようなリスクが高まるなど多くの問題が存在した。

ちなみに「ジェイコム誤発注事件」とは、2005年12月、人材サービスのジェイコム（現ライク、2462）の上場初日、顧客からジェイコム株の売り注文を受けた証券会社が「61万円1株売り」とすべきところを「1円61万株売り」と誤って入力し、一部の売買が成立したことで株式市場が大混乱に陥った事件である。このあり得ない注文により、1日で数十億円の利益をあげた個人投資家が出現する一方、証券会社側は巨額の損失が発生する事態となった。

このような問題を解決するために、売買単位をわかりやすく100株に統一しようとなったわけだ。2018（平成30）年5月1日現在、100株単位に変更開示済み企業は96・7％（3418社）に達し、残りは3・3％ということである。

「100株統一」はいいことずくめ」という結論で締めくくりたいが、実はマイナス面があることも忘れてはならない。東証は100株統一以外に、望ましい投資単位として5万円以上50万円未満を明示している。

この投資単位について東証は、「努めるもので強制はしていない」との立場だが、最低投資単位の5万円を100株単位でクリアするには、株価は最低でも500円以上でなくてはならない（※5万円＝500円×100株）。

つまり株価500円未満の企業はその基準を満たせなくなり、その多くは株価を見かけ上、よくするために株式併合を活用したのだ。特に主力企業にこのような動きが見られ、株価500円未満の主力企業が少なくなってしまった。これは**伝統的な投資スタイルである「低位株」が消滅する**ことを意味しており、いかがなものかと思う。

低位株とは何か？

低位株に明確な基準はないが、一般的に株価が300円程度より安い株を指し、さらに株価が100円以下の株を「超低位株」とか「ボロ株」などと表現する場合もある。

なぜそれほど株価が安くなってしまったのかについてはそれなりの理由があり、多くは長期にわたる業績低迷や財務体質の悪化、それにともなう信用不安や倒産リスクなどが原因として考えられる。

しかしながら、低位株には投資魅力があるのもたしかである。

1つ目の魅力はなんといっても、**株価が安いので最低投資単位の投資金額が少なくて済む**ことだ。逆の言い方をすれば、同額の投資金額ならば低位株のほうが株数を多く買えるということである。株主優待を実施している企業ならば、株数が多いほど優待内容が豪華になる点も見逃せない。

２つ目の魅力は、**低位株のほうが呼び値当たりの株価上昇率が高い**ことである。呼び値とは注文するときの値段の刻みのことである。わかりにくいのでもう少しくわしく説明すると、株価が３０００円以下の銘柄の値動きは「ＴＯＰＩＸ１００銘柄」を除くすべての銘柄で「１円単位」である。例えば、株価２５００円の銘柄が１円上昇した場合の上昇率は０・04％だが、２５０円になると１円の上昇は０・４％、同じく25円になると１円の上昇は４％と、株価が安くなるほど１円当たりの上昇率が高くなっていくのだ。

そして３つ目の魅力は、**低位株は「テンバガー」（10倍株）の可能性を秘めている**ことである。かつてテンバガーといえば低位株との印象が強い時代もあり、実際に１９８４（昭和59）年から１９９０（平成２）年にかけてテンバガーを達成した実例を図表４-11にあげてみた。

当時の相場を月足終値でおさらいすると、１９８４（昭和59）年１月にはじめて１万円を突破した日経平均は、その３年後の１９８７（昭和62）年１月に２万円、さらに１９８８（昭和63）年12月には３万円を突破。１９８９（平成元）年12月に３万８９１５円の史上最高値をつけた。

図表4–11　低位株は10倍株の可能性を秘める

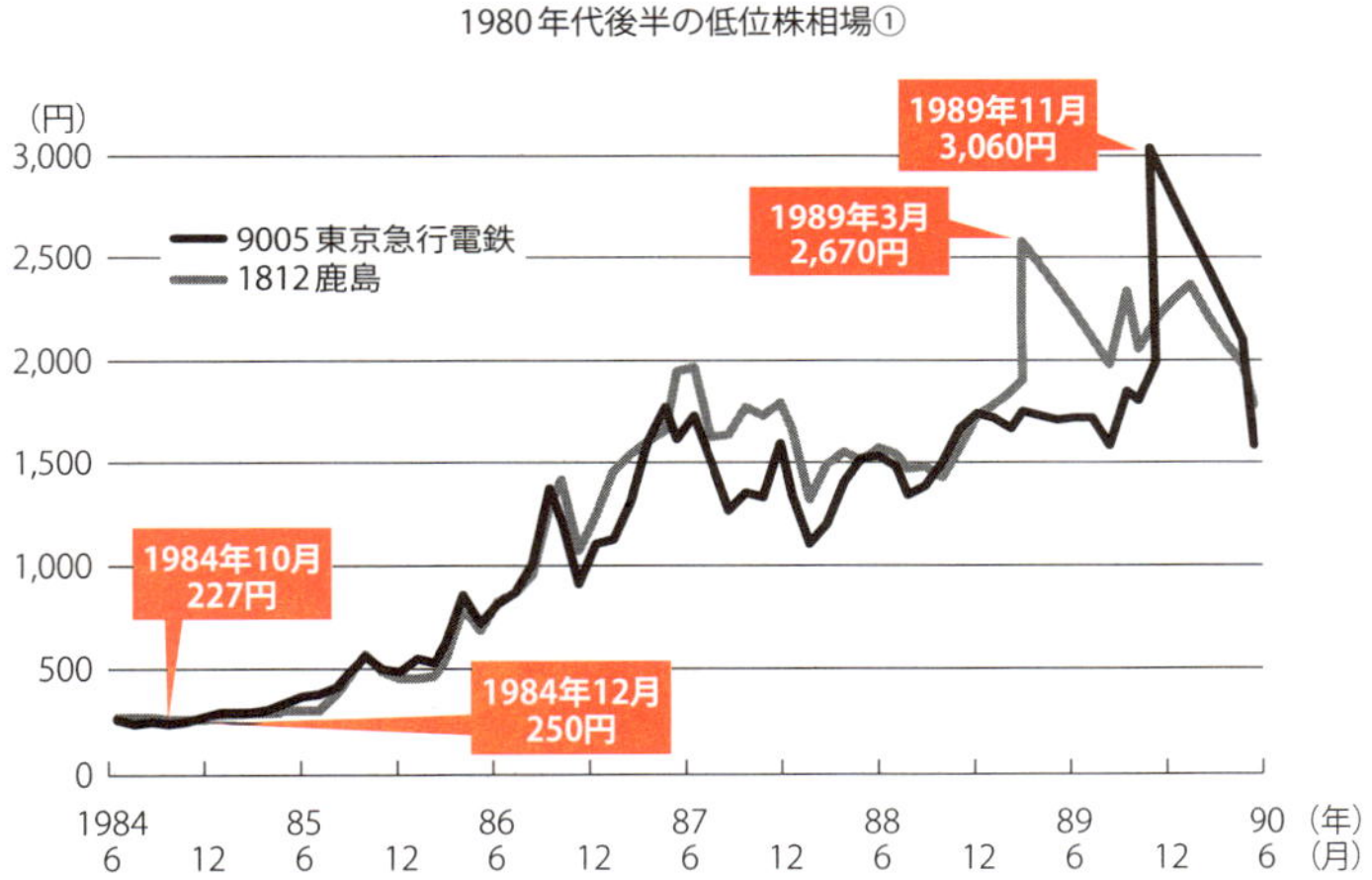

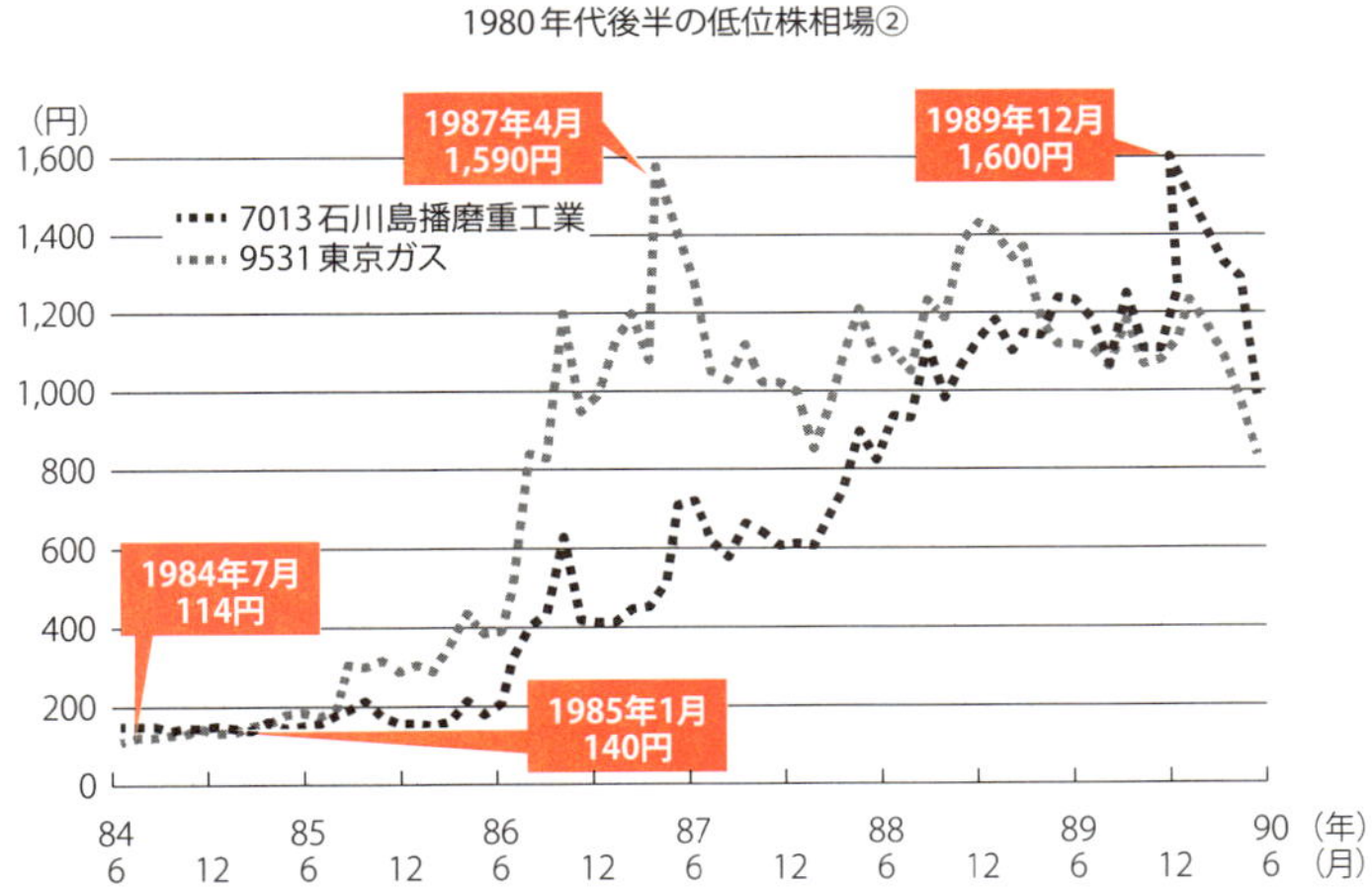

（出所）複眼経済塾

この間の日経平均の上昇率は約4倍であったが、図表4－11のチャートにある東京急行電鉄（9005）は安値から高値まで13・5倍、同じく鹿島（1812）は10・7倍、石川島播磨重工業（現IHI、7013）は11・4倍、東京ガス（9531）は13・9倍とテンバガーを超す大相場を演じている。

ここでのポイントは、4銘柄とも誰もが知っている有名企業であったことと、スタート時は株価250円以下の低位株であったことである。当時をよく知るベテラン投資家は、**低位株こそがテンバガーの可能性を秘めた銘柄であると実感**しているのではないだろうか。

「誰も注目していないときがチャンス」

ただこれらの事例は日経平均が史上最高値をつけたバブル相場で起こったことで、今とは事情が違うといった声もあるだろう。そこで今度はバブル崩壊後の2002（平成14）年から2008（平成20）年にかけてテンバガーを達成した低位株の事例をあげてみたい。

このときの相場もおさらいすると、日経平均株価は2002（平成14）年7月終値でバブル崩壊後はじめての1万円割れとなった。その後さらに相場は下げ続け、2003（平成15）年4月に当時最安値の7607円を記録。株価下落の背景は「金融再生プログラム」と呼ばれた金融機関の不良債権処理で、金融市場の信用収縮が連鎖し、負のスパイラルに

図表4-12　50円以下の低位株が大化け

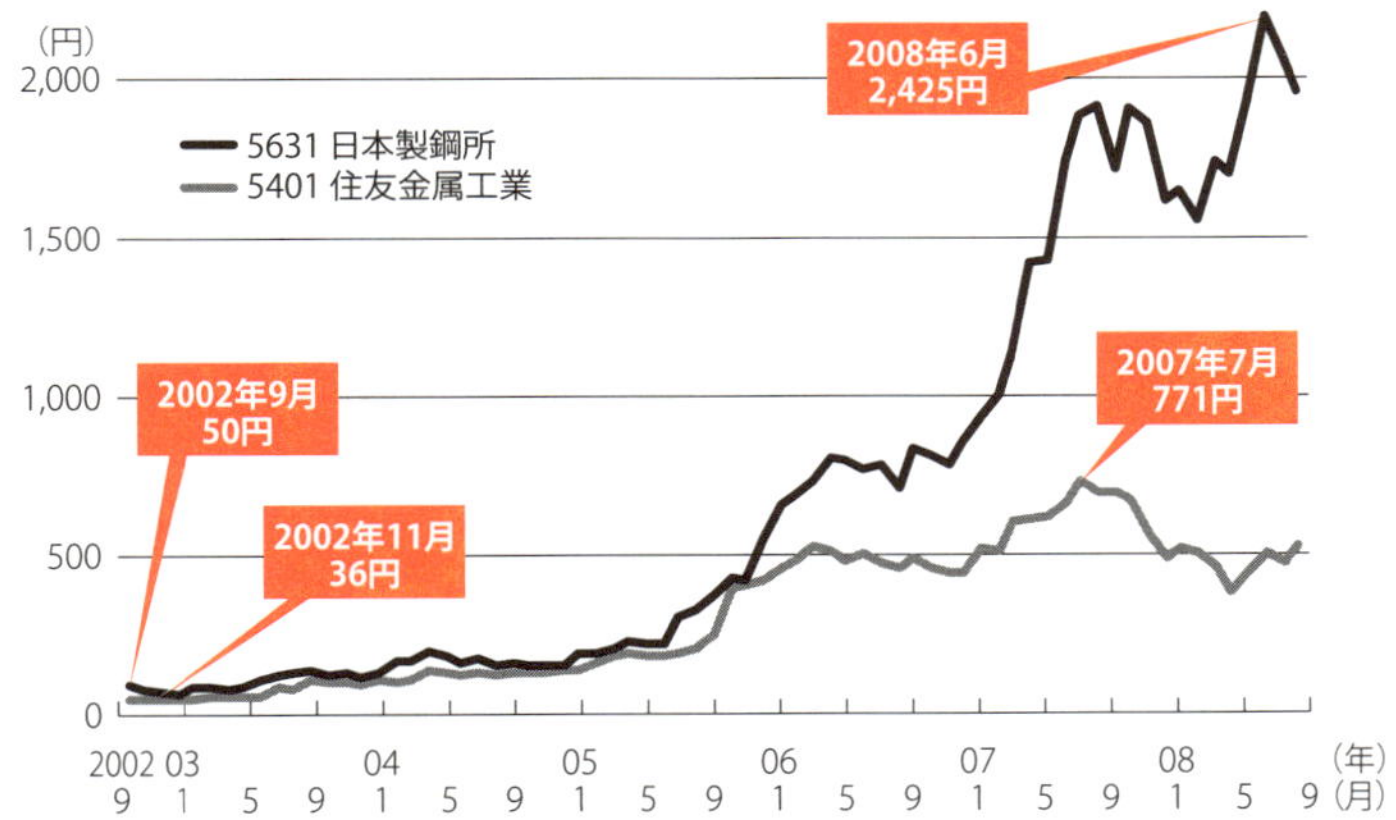

（出所）複眼経済塾

陥っていたのである。

その後メガバンクを中心に金融機関の資本増強が図られ、金融危機は回避されて相場は反転していった。日経平均は2007（平成19）年7月の高値1万8261円まで上昇するが、その上昇倍率は2・4倍だった。

中でも、大型鋳鍛鋼で世界有数の日本製鋼所（5631）の株価は安値から高値まで48・5倍、住友金属工業（現新日鐵住金、5401）は21・4倍に大化けした（図表4－12）。ともにスタート時点の株価は50円以下の超低位株で、かつPBRも1倍を大きく下回る水準だった。

スタートの発射台が極めて低くなっていたことに加え、業績も低迷期から回復局面に入るタイミングだったことが、テンバガーをはるかに超える大化け銘柄になった要因だった。

しかし、当時の市場評価では両銘柄ともとても買えるような銘柄ではなかった。特に住友金属工業は発行済株式数が36億株と、現在時価総額が最大のトヨタ自動車の33億株を上回るほど市場には株がジャブジャブにあふれていたのだ。そのため上値が重い印象から、株価が2倍になるのも難しいのではという見方が大半であったのだ。

このように見てくると、誰も注目していないからこそ株価は安値で放置され「低位株」になったともいえる。**低位株投資は「誰も注目していないときがチャンス」という逆張りの発想をもち、そのリスクをとったものがテンバガーを達成できたとも考えられる。**

今後は「全体の平均に対して低位にある株」に注目！

テンバガーを探す上では、とても魅力の大きかった低位株投資。しかし今後は、東証が「100株統一」と「望ましい投資単位は5万円以上50万円未満」を明示したことで、株価は最低でも500円以上となる。そのため、低位株を300円より安い銘柄と考えることはできない。しかし「全体の平均に対して低位にある株」という概念でとらえれば、魅力ある低位株投資を楽しめるはずだ。

２０１８年は「１００株統一」を完了させる目標年なので、大きな転換期となる。しばらくは「低位株」が出にくい環境にあるが、**いずれ平均より安値で放置された銘柄は出てくるだろう**。

もちろん、低位株投資には、業績不安や信用不安などのリスクを極力排除することが重要だ。営業利益率や営業キャッシュフロー（会社が本業によって1年間に得たキャッシュの量）がプラスになっているかどうか、四季報でしっかり確認の上、テンバガー候補をじっくり探してみてほしい。

第5章

四季報を読む&使うための技術

1 読破の時間がない人のための10倍株を探せる読み方

最初に読むのは「市場別決算業績集計表」

普通に考えて、2000ページを超える四季報を読破するのはかなり難しい。そこですべてを読破する時間がないときは、どういったポイントに絞って四季報を読み、10倍株候補を探し出せばいいのか、私なりの考えと方法をまとめてみた。

私は四季報を購入すると、**まず巻頭3ページの「各号のポイント」と巻末の「編集後記」を読む**。サンドイッチでいえば中身をはさむ一番外側のパンから読む感じだ。そして巻頭3ページの「各号のポイント」こそが、まさにその四季報の「要点」であり「要」だと考えている。**中でも、特に重要なのは数字の表の「市場別決算業績集計表」である（図表5–**

図表5-1　市場別決算業績集計表（前期比増減率）

（%）

	決算期	合計（3277社）	1部（1842社）	2部（500社）	JASDAQ（666社）	新興市場（240社）
売上高	前期（実）	▲1.0	▲1.0	▲3.7	1.3	11.4
	今期（予）	6.1	6.3	▲2.5	5.5	14.1
	来期（予）	3.0	3.0	1.4	4.3	12.9
営業利益	前期（実）	4.7	1.9	黒字化	8.4	13.2
	今期（予）	11.4	12.3	▲29.8	17.3	▲8.5
	来期（予）	6.9	6.5	26.3	11.4	18.5
経常利益	前期（実）	3.7	1.7	黒字化	11.0	18.4
	今期（予）	11.7	12.3	▲22.5	16.3	▲9.4
	来期（予）	7.1	6.9	21.2	11.5	21.4
純利益	前期（実）	13.3	14.6	連続赤	37.8	70.8
	今期（予）	23.6	18.3	黒字化	18.6	▲17.7
	来期（予）	0.3	1.2	▲46.4	10.8	46.1

（注）新興市場はJASDAQを除く。営業利益は銀行・保険を含まない。合計には地方単独も含む
（出所）『就職四季報』2018年2集春号

ー）。

これは四季報記者が、それぞれ担当する各企業の業績予想を1つひとつ積み上げた上場会社全体の業績の姿だ。これはたとえるなら、アリ塚だ。小さなアリが砂粒を運んでいる姿だけを見ていると全体として何をやっているのかわからない。しかし、その1粒1粒の積み上げが最後は大きなアリ塚となり、全体像が目に見えてくるのと似ている。

これだけ多くの個別企業の積み上げが見えるのは、財務省が発表する「法人企業統計」を除けば、四季報を含め数えるほどしかない。だからこそ、とても貴重であるし、「平均

値を知る」上でとても重要な数値になる。

例えば、各銘柄のコメント欄の【見出し】には、「微増益」「小幅増益」「営業増益」など「増益」に関する【見出し】が複数出てくる。しかしこれらの増益は、「平均を上回る」増益なのか、「平均を下回る」増益なのか、で意味はまったく違ってくる。そのために、この業績集計表で平均値を確認することが大事なのだ。

四季報2018年2集春号で具体的に数字がどのようになっているか確認してみよう。

3277社合計の今期予想（3月決算なら2018年3月期）の売上高は6・1％増収（売上高が増えることを増収という）、営業利益は11・4％増益、純利益は23・6％増益。同じく来期予想（3月決算なら2019年3月期）の売上高は3・0％増収、営業利益は6・9％増益、純利益は0・3％増益となっている。

これは全体の平均像なので、この数字を参考に各銘柄の業績を判断するとよいだろう。ただし、全体の数字には大型株の業績が反映されやすく、必ずしも中小型株の平均を表しているわけではないことには注意したい。

マザーズなど中小型株については、同じく業績集計表にある「新興市場」の数字をチェックしよう。四季報2018年2集春号のケースでは、来期予想で売上高は12・9％増収、営業利益は18・5％増益、純利益は46・1％増益となっていて、中小型株のほうが強い予想が出されている。中小型株には上値余地の大きい出遅れ銘柄もたくさん存在しているので、そういう意味でも期待が高まる。

チェックするのは5つのブロック

四季報では巻頭に「会社四季報の見方・使い方」という各項目を解説するページがある。そこでは誌面をAからNまで14のブロックに分けて説明しているのだが、私はそのうち5ブロックが特に重要と考え、そこにまずは目を通すことをおすすめしている。その5ブロックについて、チェックすべきポイントを押さえていこう。

①Aブロック――自己紹介

証券コードと会社名が記載されている。いわばその銘柄の「自己紹介」欄だ。欄外の【業種】は証券コード協議会によって決まり、業種は東証33業種に分類される。例外もあるが、「水産・農林業」なら1300番台、「空運業」なら9200番台などと決まっていて、ある程度の法則は覚えるしかない。

10倍株を探そうと思ったら、例えば人工知能(AI)やIoT、スマホや人材など最近の**「テーマ」に乗っていて、かつ「上場したて(=つまり最近上場した)」の「成長株」**と

図表5-2　まずは見るなら、このブロック

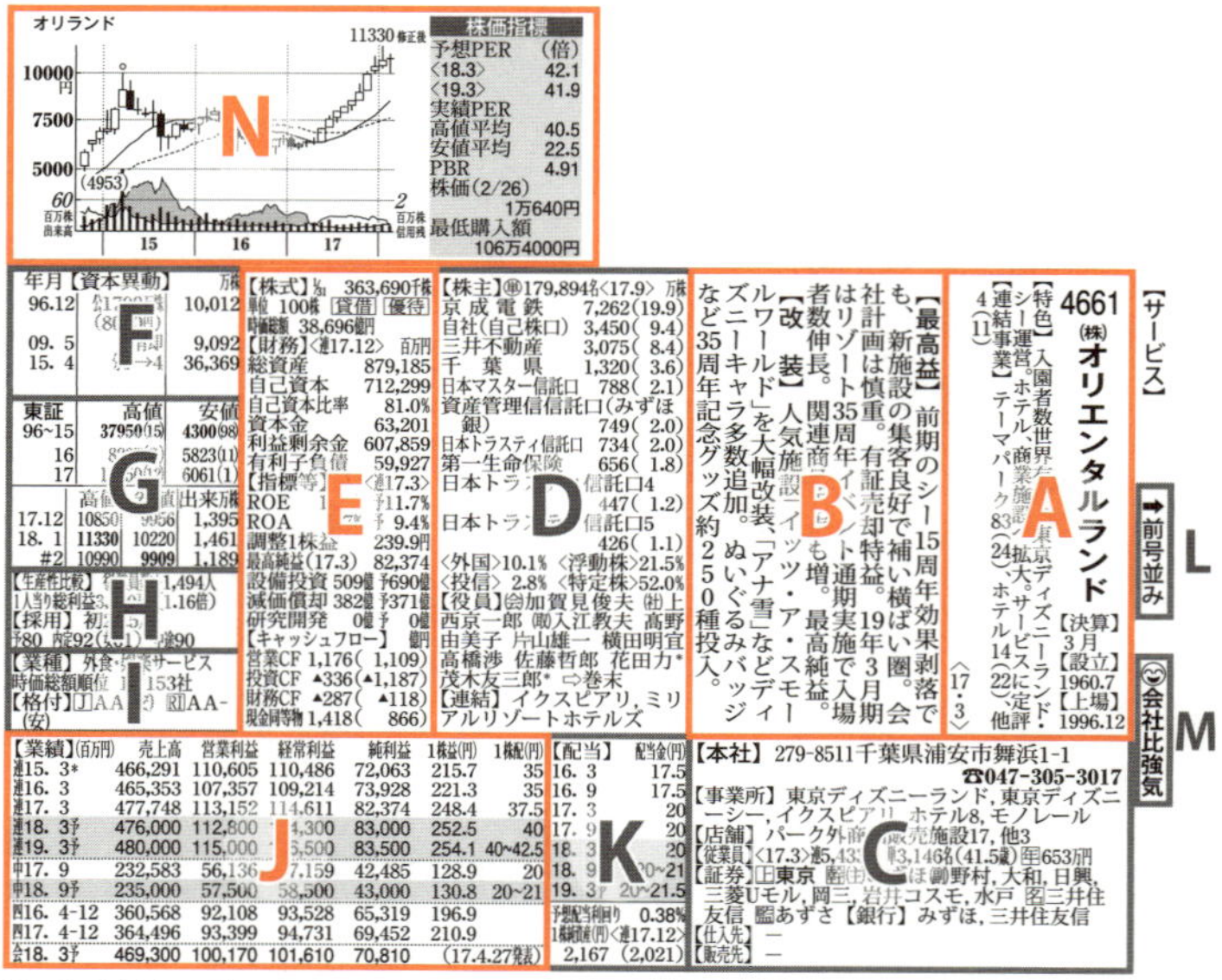

（出所）『会社四季報』2018年2集春号

いう3つの条件に合う銘柄をみたいと思うだろう。それらは以下の番号に集中している。

・3100番台、3200番台、3400番台、3500番台、3600番台、3900番台

・6000番台、6100番台、6500番台

これらの番号だけをチェックするのであれば、完全読破にかかる労力の10分の1から15分の1程度で済むだろう。時間がないときは、ぜひ実践してみてほしい。

そのほか、【決算】は配当や株主優待の権利が確定する月となるので注意して見る。70%の企業は3月決算だが、小売りは2月、食品は12月が多い。

【上場】欄には株式市場に上場した年月が記載されている。年月を確認すればその会社が上場して何年目で、上場したばかりの若い会社か、それとも上場してしばらくたった会社かがわかる。もちろん、**10倍株を探すための「ポイント④上場5年以内」はここで確認できる**。

【特色】には業界での地位や資本系列、沿革などの特長がある。ここに「世界首位」や「業界首位」、「独自技術」など、会社の強みがわかるキーワードが紹介されていないか見逃さないようにしたい。

【事業構成】には「部門別売上構成比率(%)」が書かれていているが、カッコ内は売上高利益率(原則、営業利益率)を表しているので営業利益率の高い企業は要チェックだ。利益率が高く急成長している部門がないかを注意して見るとよい。

また【海外】欄にあるのは連結海外売上比率、もしくは地域別売上高の日本以外での売上比率となる。第2章で紹介したように市場のグローバル化は売上高を増加させるので、特に50%を突破しそうな企業は、グローバル化が本格化するタイミングに当たることから、今後も成長が期待される。

②Bブロック――四季報の独自性が表れるコメント欄

正式には「業績予想記事・材料記事欄」だが、一般的には「コメント欄」と呼ばれる。コメント欄には【見出し】が冒頭と中ほどの2カ所にあり、この2~3文字で会社の「今」がわかる。新しい四季報が出たとき、この【見出し】だけを片っ端から拾い読みするという読者も結構多いようだ。わずか2~3文字の【見出し】を見ることで各社の状況を知り、お宝銘柄を見つけようというわけだ。

あまり知られていないかもしれないが、この2つの【見出し】にはそれぞれに意味づけがある。前半は「原則として今期予想」、後半は「会社の中期的な成長に関するトピックス」と内容がわかれているのだ。

この【見出し】については、過去の四季報でコメントのイメージ図が掲載されたことがあった（図表5−3）。私はこれらの見出しをチャートや株価の水準と組み合わせて、投資判断をするようにしていた。たとえプラスイメージの【飛躍】であっても、業績が【飛躍】して株価もすでに【飛躍】してしまっていたら、上値余地が限られるケースがあるからだ。

図表5-3　コメントのイメージ図

マイナスイメージ		中立的	プラスイメージ			
【減収減益】【赤字続く】 【均衡圏】【続落】 【急悪化】【急反落】 【急落】【ゼロ圏】 【不透明】 【大赤字】【大幅減益】	【微減益】【小幅減益】 【減益】【軟調】 【下降】【反落】	【底入れ】【底打ち】 【鈍化】【伸び悩み】 【横ばい】【下げ止まり】	【高水準】【好調】 【好転】【復調】 【増益】【堅調】 【微増益】【小幅増益】	【絶好調】【連続最高益】 【飛躍】【最高益】 【続伸】【急伸】 【連続増益】【大幅増益】 【急拡大】【V字回復】 【急回復】【急反発】	利益が対象	過去実績との比較
【無配続く】 【無配】 【無配か】 【減配】 【減配か】	【無配も】 【減配も】		【記念配】 【復配も】 【増配も】	【連続増配】 【増配か】 【増配】 【復配か】	配当が対象	
【大幅減額】 【下方修正】 【減額】 【下振れ】 【減益拡大】	【増益幅縮小】 【一転赤字】		【一転黒字】 【減益幅縮小】	【独自増額】 【増益幅拡大】 【上振れ】 【上方修正】 【増額】 【大幅増額】	利益が対象	四季報前号との比較

（出所）『会社四季報』

この表にはないが、気になる言葉はほかにもある。それは「超繁忙」、「動意」、「雌伏」といった言葉で、見出しだけではなく、文中に書かれているだけで気になってしまう。「超繁忙」は、とにかく忙しく動き回る商売繁盛を連想させるし、「動意」はまだ表には出ていないがざわざわしている印象。「雌伏」はおとなしく水面下に潜んでエネルギーをため込んでいて、いつか爆発するといった雰囲気だ。

また、トレンドの変化を感じられる言葉もある。代表例が①「動意」↓②「底打ち（底打つ）」↓③「上向く」で、個人的には矢印の順番でよりトレンドの変化が明確になっていくイメージをもっている。

一方で私が最も注目しているのは、もっと大きな会社の変化である。例えば「25年ぶり復配」や「30期ぶり最高純益」がよい例である。

「数十年ぶり」というのは、構造的に大きな変化が起きている可能性が高い。一般に会社の大きな変化は、コメント前半部分より、後半の【見出し】およびコメントの中に書かれていることが多い。そのため私は、「会社の歴史的な転換点」を感じられる「後半のコメント」をより重視している。

しかし、なぜそれほどコメント欄は重要なのだろうか？ **それは、コメント欄が「四季報独自のもの」で、「四季報らしさ」があること。また四季報記者という、1人の人間が書いた貴重な「参考意見」である**からだ。

すでに述べてきたことだが、**四季報の強みは「網羅性」「継続性」「先見性」であり、特長は「独自のコメント」と「独自の来期予想」にあると考えている**。コメントと来期の業績予想以外のデータは基本的に過去のもので、その気になれば誰でも調べられる。過去の業績は決算短信や有価証券報告書で確認できるし、今期予想にしても多くの企業が本決算発表時に「会社予想」として発表している。

しかし、来期業績予想だけは誰にもわからない。それを第三者の四季報が、すべての企業について予想してくれるのだ。しかもコメントまで付与して。これはとんでもなく、すごいことなのである。

想像してみてほしい。あなたの業務目標を、第三者が業績予想として数字に落とし、コメントまで書いたとしたら。しかも第三者が今のあなたの状況を【飛躍】だの【絶好調】だの、【伸び悩み】とか【急反落】、【不透明】などと書くのだ。誰だって「余計なお世話だ、でもすごい！」と思うのではないだろうか。

こう考えれば、**四季報のコメントは当たる・当たらないで議論するものではなく、「参考意見」としてとらえるのがよいと思う**。本でも映画でもレストランでも、選ぶ前には誰かの「参考意見」を聞いてみたいものだ。銘柄選びも同じ。もちろん最後は、自分自身の判断で決定するのが原則だ。その判断材料を継続的にくまなく取材している四季報記者が、毎号旬な話題とともに「参考意見」として提供してくれていると考えれば、これほど貴重な存在はないはずだ。

③Eブロック――【財務】と【キャッシュフロー】に注目

【財務】欄は〈 〉内の直近本決算もしくは四半期決算の貸借対照表（バランスシート）から一部を抜粋し、総資産や自己資本、有利子負債などの値が並ぶ。いわば「その会社がもっている全財産の目録」で、借金と資産の詳細が書かれていると考えてよい。中でも**「自己資本比率」は、その会社の健全性が判断できるので重要だ。個人的には「50%±20%」が妥当な数値**だと考えている。

【キャッシュフロー】欄は「資金繰り」や「お金のやり取り」が表されている。お金のやり取りが止まると破産するので、私はこの欄を**「生命維持装置」と見ている。**

例えば「営業キャッシュフロー（営業CF）」は本業にかかわるお金の収支だが、ここがプラスになっていれば、本業による現金収入があることを示す。次の「投資キャッシュフロー（投資CF）」は投資と回収のお金の流れで、何かに投資をするとお金が出ているので投資CFはマイナスに働く。ただ企業は成長のために常に投資をし続けるのでマイナスでもよい。さらに四季報にはないが営業CFと投資CFを足したものをフリーキャッシュフロー（フリーCF）という。フリーCFがプラスということは、本業による現金収入から投資にお金をまわしてもなお余るということで、自由に使える現金が残っていることになるし、逆に▲印、つまりマイナスとなれば現金が不足するため資金調達が必要になるということだ。

④Jブロック――増収率と営業利益率をチェックする

【業績】欄には、損益計算書(Profit and Loss Statement =P/L)の数字が一部抜粋され、左から「売上高」「営業利益」「経常利益」「純利益」の順で記載されている。簡単にいえば、その会社の「1年間の成績表」で、私たちの生活にたとえれば、収入や経費を差し引いた手取り金額が記載された年間の「給与明細」ともいえる。

一口に「収入」といっても、毎年増え続けるうらやましい人や横ばいながら安定している人、増えたり減ったり波のある人などさまざまだが、それは企業も同じで、「収入」にあたる「売上高」が安定的に伸びる企業もあれば、増えたり減ったりする企業もある。

ではこの【業績】欄から何がわかるのか? それはその会社の、「売る力」「売り上げを伸ばす力」、そして売り上げから必要経費(コスト)を差し引いて「利益を残す力」がわかる。もっとわかりやすい言葉に置き換えると、「販売力」「成長力」「稼ぐ力」となる。誰もがしゃかりきになって見つけようとしている「高収益で成長性があり強い会社」は、この3つの要素を兼ね備えている企業ということになる。

この欄の売上高を上から下に見て、増収率が増えているかどうかで「成長性」が測ることができる。つまり、10倍株を探すための**「ポイント①成長性を示す「増収率」が高い――4年で売上高が2倍の売上高、年20%以上の増収を継続している」をチェックできる。**

一方、売上高と営業利益を横に見て、営業利益÷売上高×100（%）を計算すると「お金を残す力」、すなわち「稼ぐ力」の営業利益率が見えてくる。つまり、10倍株を探すための**「ポイント②稼ぐ力を示す「営業利益率」が高い——目安は営業利益率10%以上」がチェックできる**のだ。

⑤Nブロック

これまでの4つのブロックで、その銘柄の「人となり」がわかったので、最後にチャートを確認する。チャートの見方については、後ほどくわしく解説する。

この5ブロックを見る時間もない、という人は、最低限、Aブロックだけでも見てほしい。それはプロ野球やJリーグの「選手年鑑」を読むようなもの。その会社についての概要を知るだけでも、その後の投資行動に大きな影響があるので、ぜひチェックしてみてほしい。

この読み方で、銘柄の成長性、安全性を含む全体像が見えてくる。10倍株を探すための4つのポイントのうち、①、②、④はすでにチェックできている状態である。この中でピンときた銘柄があったら、**【株主】欄で、「ポイント③オーナー経営者で筆頭株主」あるい**

は、ソニーやホンダのように「経営コンビの二人三脚」であるかどうかを調べて、10倍株投資の対象になるかどうかを見極める。

ちなみに銘柄ページの欄外についている「にこちゃんマーク」だが、これは「四季報予想の営業利益」と「会社予想の営業利益」の乖離《かいり》率が大きい銘柄に付与される、四季報オリジナルの記号だ。わかりやすいマークなので、自分がいいと思った銘柄についていたらうれしい。自分なりの10倍株候補を探すときに、確信を深めるお守りとして考えるのがよいのではないだろうか。

2 成長株、優良株、割安株……、分類を見極める

成長株と優良株の違い

会社四季報の各ページで、前述した5ブロックを中心にその会社の概要を把握し狙いをつけたら、次はその銘柄が「成長株」や「優良株」「割安株」など、どのような分類に当てはまるのかを見ていく。

一概にはいえないが、分類の違いを知っておくことで、今後、株価がどのような展開になり得るか、ある程度の予想を立てられる。『ピーター・リンチの株で勝つ』でも「低成長株」「優良株」「急成長株」「市況関連株」「業績回復株」「資産株」の6つに分類していて、どのカテゴリーに属するかを調べれば今後、どういう筋書きになるかがわかる、と説明し

ている。

まず「成長株」は勢いがあるので将来10倍株になる可能性が高い。成長とは売上高の伸び率、すなわち「増収率」と考えており、その増収率が20%以上のものを「成長株」と決めている。これを簡単に確認したいときは、【業績】欄の**「売上高」の数字を上から下に見て4年で2倍になっていれば「成長株」と判断していい**。ただし、急激に上げ下げを繰り返すケースは「成長株」と言い切れず、成長が持続していることもポイントになる。

同様に【業績】欄を左から右へ売上高から営業利益と横に見ていくと「お金を残す力」、つまり「稼ぐ力」がわかる。**「営業利益÷売上高×100」で計算した営業利益率が10%以上のものは「優良株」だ。いちいち計算するのが大変だと思うときは、売上高の数字からゼロを1つとった数字を、営業利益の数字が上回っていれば営業利益率10%以上となる**。

チャートの形では、株価がずっと右肩上がりの上昇基調にあるのが「成長株」、それほどずば抜けてはいないが安定的な上昇を続けているのが「優良株」の場合が多い。

シクリカル株とV時回復株を見分ける

一方、景気の変動によって価格が上昇したり、下降したりする銘柄は「シクリカル株」と呼ばれている。いいかえれば「市況関連株」や「景気循環株」だ。シクリカルとは循環的なサイクルのことで、「回復―拡張―後退―悪化」のようなサイクルが繰り返し見られる。主に化学や鉄鋼、非鉄、ガラスなどの素材株や、シリコンサイクルに代表されるエレキ株、設備投資のサイクルに影響される機械株など景気の影響に左右されやすいセクターが該当する。

株価サイクルは一般的に**「減収増益」で大底を打ち、「増収増益」で続伸し、「増収減益」で天井をつけ、「減収減益」で続落するとされる。**特に「シクリカル株」はこの流れがわかりやすく出てくるので、今はどういうタイミングにあるのかが1番のポイントとなる。実際、タイミングを見極めるのはとても難しいが、景気と株価の流れは意識しておきたい。

「シクリカル株」と似ているパターンに「V字回復株」がある。これは第3章で紹介したRIZAPグループや、トヨタ自動車のように、ずっと下がってきた株価がある日突然、V字回復を見せるものだ。

「減収増益」のタイミングで「シクリカル株」か「V字回復株」なのかどうかを見分けるには、景気の影響を受けやすい分野の銘柄かどうか、また過去のチャートを見てサイクルを繰り返しているかどうかで判断すればよい。

割安株

「割安株」を探すときは、①自己資本比率70%以上、②PBRが0・7倍以下、という2つのポイントを見る。自己資本比率が高いということは、負債が少なく、自己資本が厚いということで「健全」であるし、PBRが0・7倍ということは、その会社の純資産から30%もディスカウントされていることになる。これは下値リスクよりも純資産と同等になるまでの上昇余地のほうが大きいといえる。

さらに、③【財務】の「有利子負債」、④【キャッシュフロー】の「現金同等物」の値もチェックする。例えば、女性用の衣類や化粧品を訪問販売しているシャルレ（9885）の2018年2集春号の四季報記事を見ると、自己資本比率は86・3%、有利子負債はゼロ、現金同等物は124億円なので、負債を差し引いたネット現金同等物は124億円だ。

一方で、時価総額は約90・4億円なので、理論上は90・4億円を出せばこの会社を買収でき、124億円の現金も手に入る、という計算になる。あくまで理屈の上での話だが、それぐらい割安に放置されている、というイメージはもっていただけるだろう。

もちろん、売り上げが減れば、手持ちの資産で人件費といったコストを支払う必要がある。しかし、売り上げがしっかりしていて利益を計上していればまた現金は増えるだろう。

もし会社の体制が変わるなど、何かの変化で業績が急回復した場合、現金はさらに増える可能性があるので、市場の評価とのギャップがさらに広がっていく。このような**割安株は、コメント欄に何か変化を感じられたときが狙い目だ**。

第4章でも書いたが、株の場合はずっと割安では困るわけで、何かしら株価上昇のきっかけとなる「カタリスト」が必要だ。そのカタリストともいえる大きな変化がきっかけで数年前と今では業態がまったく変わってしまったケースもある。

例えばノーリツ鋼機（7744）はそのケースで、かつては「写真DPE用ラボ機器世界一」だったが、デジタルカメラやスマホの普及によって現像が不要になったことで、時代遅れになった同社は割安株のまま放置されていた。それが四季報2012年1集新春号のコメント欄に「【新分野】……抗加齢支援サービスなど展開するバイオベンチャーと提携、予防医療分野の参入に主眼」と書かれたところを転換期として、時代遅れの会社が最先端の医療関連の成長株へと変わっていったのだ。今は業務用写真プリンター事業を手放し、医療データ分析調査などの「ヘルスケア」、ペン先部材の生産販売といった「ものづくり」分野で稼ぐ企業に変貌している。

3 四季報に載っている株価チャート欄の活用法

誌面上段に掲載されている小さなチャート

チャートを分析して先を見通すことを「テクニカル分析」というが、実は私はテクニカル分析の大家・岡本博先生の弟子の１人だ。

岡本博先生は、テクニカル分析の教育普及活動などを行う「日本テクニカルアナリスト協会」の創設メンバーで、同協会の初代理事長を務められた方である。さらに「一目山人《いちもくさんじん》翁」という、日本が生み出した、世界で重宝される至高のチャート「一目均衡表」を考案したご本人から直接手ほどきを受けられているし、ボリンジャーバンドで有名なジョン・ボリンジャー氏をはじめ世界の多くのテクニカルアナリストとも広く交流されている。

私も一歩でも先生に近づけるよう、「指標ノート」と呼ぶ、株価指標とコメントをノートに記録する作業を20年以上、毎日欠かさず続けているし、チャートもそれなりに勉強しているつもりだ。

しかしながらテクニカル分析は、考え方が哲学的なところまで奥深く入り込んでいる上、人生経験がものをいう世界でもある。私が聞いた話では、今でも毎日200銘柄のチャートを手書きでつけ、それを50年間続けている〝仙人〟のような方もいるそうだ。私はまだ直接お目にかかっていないが、世間一般でも表に出ていないことから、むしろツチノコに近い存在のお方なのではと勝手に想像している。

このような重鎮の方々に比べれば、私はまだまだ「はなたれ小僧」の域で、この本だけでテクニカル分析の神髄までお伝えすることはとてもできるものではない。そこで、この本では四季報の誌面の上段に小さく掲載されている株価チャート欄の活用法に絞ってお伝えしたいと思う。

4つの重要な情報から株価の「トレンド」と変化を読む

四季報の誌面上段にある小さな株価チャートには、次の4つの重要な情報が詰まっている。

図表5-4 四季報に掲載されているチャート

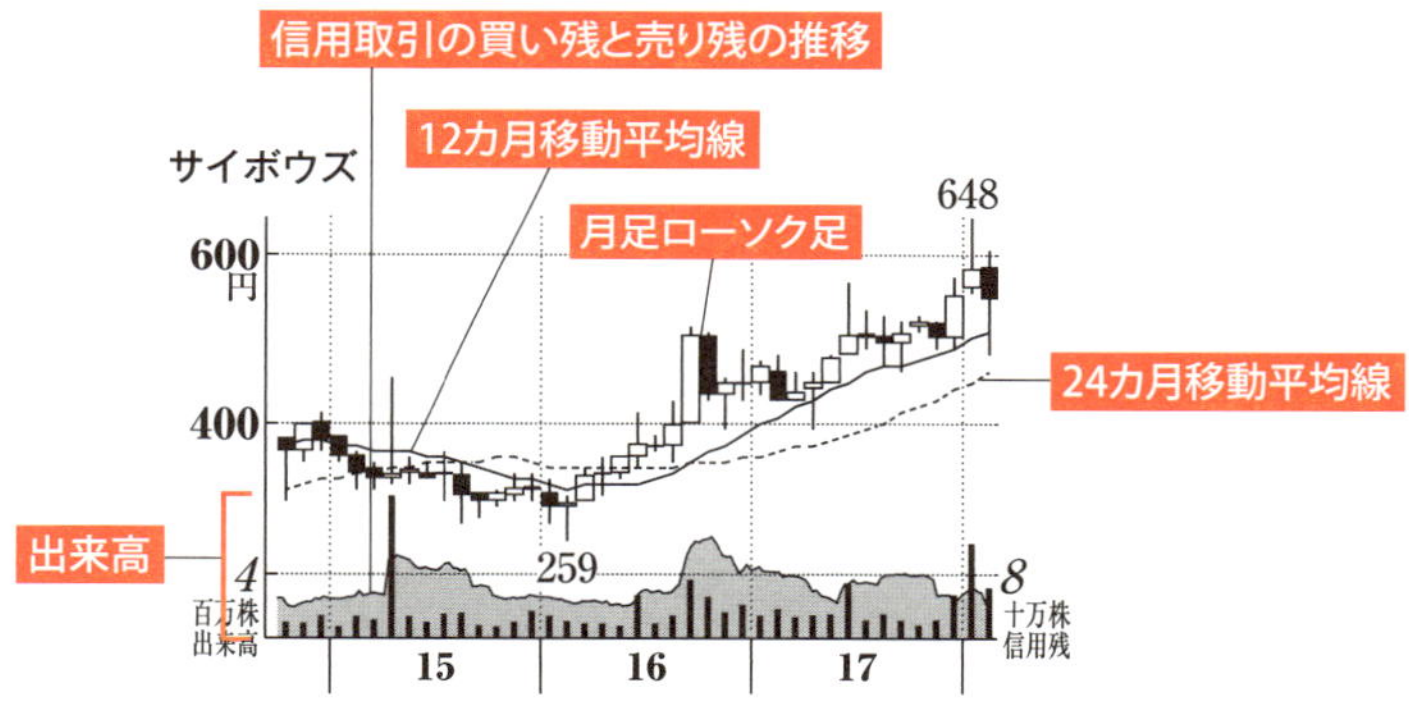

（出所）『会社四季報』2018年2集春号

①株価の推移（月足ローソク足）

②株価移動平均線（折れ線グラフ：実線は12カ月、点線は24カ月の移動平均）

③出来高（下段棒グラフ）

④信用取引の買い残と売り残の推移（下段折れ線グラフ：週末集計ベース）

これら4つの情報から「株価のトレンド（方向性）」と「トレンドの変化」を知る方法を考えてみたい。なお四季報に掲載されているのは「月足チャート」と呼ばれる長期の動きを見るもので日々の短期売買を志向される方は、別途期間の短いチャートで確認してほしい。

A 株価のトレンド

「株価のトレンド」は、①のローソク足と

図表5-5　チャートの種類

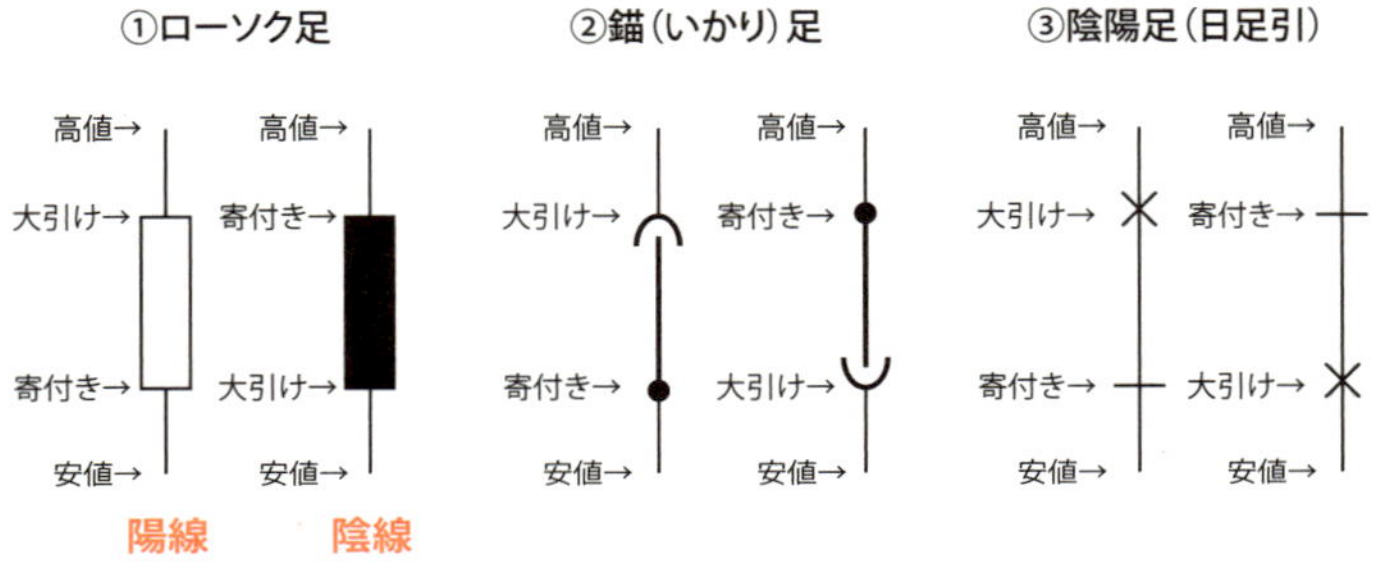

（出所）複眼経済塾

②の移動平均線の2つを見るだけでも、ある程度大局的な方向性を知ることができる。白黒の棒が並んだチャートは「ローソク足《あし》」チャートという。

このチャートは太い棒の上下にひげのような線が出ていてろうそくに似ていることから「ローソク足」と呼ばれるようになった。チャートを分析する日本の「罫線学」は270年もの長い歴史を有しており、ローソク足はその中で開発された日本が世界に誇るチャートの1つでもある。

もともと日本では相場の動きをイキイキと伝えるチャートの手法があり、古くから図表5-5の②「錨足《いかりあし》」や図表5-5の③「陰陽足《いんようあし》」というチャートが存在していた。チャート1本の中で、相場開始の「寄付き」（最初の取引でついた値段）から、場中の高値と安値、相場終了の「大引け」（最後の取引でついた値段）までを表現する素晴らしいものだが、それがいつのころからか、より**株価の動きが一目でわかるよう白と黒で表すローソク足**になった。

四季報は月足チャートのため、各月ではじめの取引でついた値段「寄付き」と、月の最終日の最後の最後でついた値段「大引け」、それと月内の高値・安値の株価を使っている。**寄付きより大引けの株価が高く終われば、月間を通じて株価が上昇して終わっているが、その場合は「陽線」と呼ぶ白抜きの棒を描く。逆に株価が月間を通じて下落して終われば、「陰線」と呼ぶ黒塗りの棒を描く。**

このように株価の上昇、下落が一目瞭然に認識できることが、このローソク足のすごいところで、その便利さから世界でも「キャンドルチャート」として広く使われている。

さらにすごいのは、ローソク足は形や並び方、組み合わせを見ることによって、より具体的に相場の展望を予測できることだ。その並び方や組み合わせは、「はらみ足」、「三羽《さんば》烏《がらす》」、「首つり線」などの独特な呼び名がつけられ、それぞれに意味をもつが、本間宗久はじめ先人たちの研究による秘儀として今に伝わっている。

かつてテクニカル分析を理解していなかった私は、あるベテランファンドマネジャーの「〝最後の抱き線〟が出たので全部売ったよ」という謎の言葉を聞いたことがある。後で知ったのだが、高値圏での「最後の抱き線」は大天井を示唆するもので、後《のち》にその銘柄の株価が大きく下落したことは強烈に印象に残っている。

B 移動平均線

移動平均線は過去12カ月（1年）、24カ月（2年）に売買された株価の平均を表す。これは株価が上下に大きくぶれたものを平均して平準化することで、より大きな株価トレンドを見られるようにしているものだ。ただし**「過去の平均」なので遅行指標であり、あくまでトレンドを確認するチャート**として見るとよい。

以上を理解した上で、チャート欄のローソク足と移動平均線に着目して、3つのポイントを確認してほしい。

ⅰ直近のローソク足は白（陽線）が多いか、黒（陰線）が多いか（ぱっと見の直感が大事）
ⅱ移動平均線は上向きか、下向きか
ⅲローソク足は移動平均線の上にあるか、下にあるか

例えば、白の陽線が多く、移動平均線は上向きで、かつローソク足が移動平均線の上に

図表5-6　チャートを見るときの3つのポイント

日本創発グループ(7814)のチャート

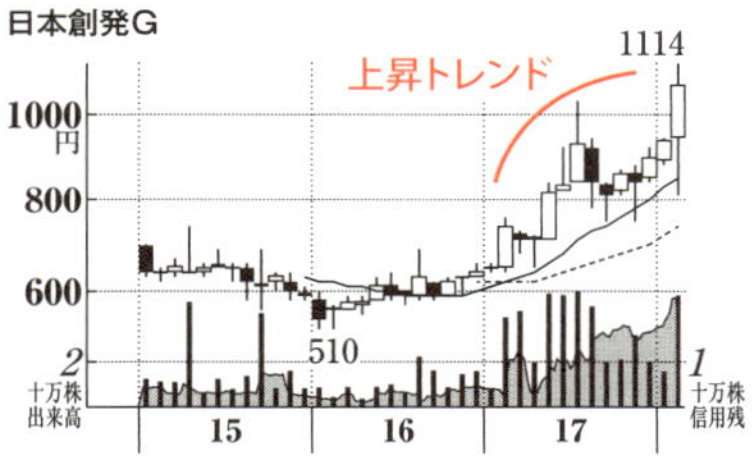

アートネイチャー(7823)のチャート

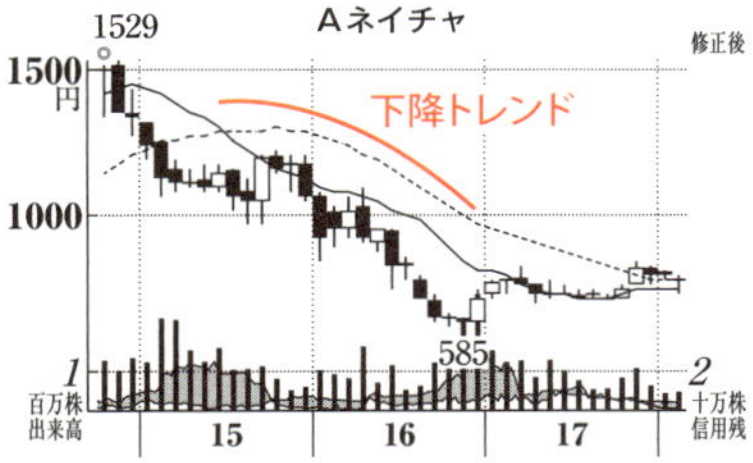

(出所)『会社四季報』2018年2集春号

あれば、株価は上昇トレンドにあると考えてよい。特に白の陽線が連続して出現する場合は、かなり強い上昇トレンドと判断してよいだろう。これは売り上げ目標などで月間目標を達成すると、次の月もその次の月も勢いがついて目標を達成し続けるのと似ていて、株価も好循環に入っている証拠だ。

逆に黒の陰線が多く、移動平均線も下向きで、かつローソク足が移動平均線の下にあれば、株価は下降トレンドと考えたほうがよい。同じく黒

図表5-7　ゴールデンクロスとデッドクロス

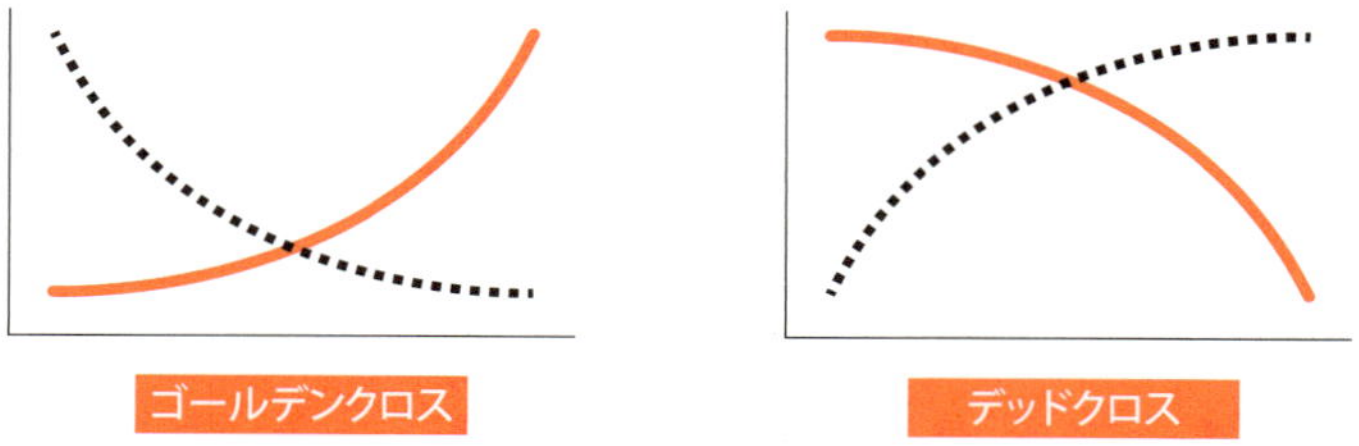

（出所）複眼経済塾

い陰線が連続する場合は、目標未達が次の未達につながる悪循環と同じで、しばらくは厳しい展開が予想される。

2つ目の「トレンド変化」だが、株価はいずれどこかでトレンドが転換する。上昇しているものが下落に転じ、下落しているものが上昇に転じるだけでなく、横ばいだったものが突然上昇するケースも含まれる。その予兆は先ほどの3つのポイントの変化でもわかる。上昇トレンドの場合で考えれば、黒の陰線が増え始めるとか、ローソク足が移動平均線を下回り始めるなどである。

加えて移動平均線でも、「ゴールデンクロス」と呼ばれる、12カ月移動平均線が24カ月移動平均線を下から上に突き抜ける底値圏でのクロスは買い転換とされ、逆に「デッドクロス」と呼ばれる、12カ月移動平均線が24カ月移動平均線を上から下に突き抜ける高値圏でのクロスは売り転換とされている。

C 出来高と信用取引の買い残と売り残の推移

さらにトレンドの変化を知らせてくれる強力な助っ人が、③の出来高や④の信用取引残だ。中でも出来高は株価上昇時には「人気」のバロメーターとなり、株価下落時は「パニック」のバロメーターになるが、株価が高値圏にあって、出来高が急増した（チャート下段の棒グラフが急激に立っている）場合は、むしろ人気絶頂の合図となり、株価は高値ピークをつける可能性が高い。④の信用取引の買い残も急増していれば、よりその可能性が高いので注意したいところだ。

逆に株価が底値圏にあって、出来高の急増をともなってさらに下落する場合は、市場がパニック状態に陥っていることを示しており、ここは「陰の極」として買い場ととらえたほうがよいだろう。

またしばらく横ばいだったチャートが、突然出来高をともなって動き始めた場合は、休火山が噴火するのと同じで、何か次の大相場に向けて、号砲が鳴った可能性もあり、スタートの合図として注視しておきたい。

4 会社四季報オンラインのスクリーニング活用術

10倍株を探す4つのポイントのうち、オーナー企業かどうか以外は四季報オンラインの有料サービスを使うと簡単にスクリーニングできる。手順を紹介する（図表5−8）。

手順①トップページから「スクリーニング」の画面へ移動

手順②「全市場」「全業種」を選択し、「検索条件を作成する」から「業績」「年間業績」を選ぶ

手順③「売上高増減率（%）」の「来期」「3期前〜今期」を選択

手順④「検索条件を作成する」から「収益性」を選択し、「売上高営業利益率（%）」「今期」を選ぶ。同様に「検索条件を作成する」から「基本情報」「上場年月」を選択す

る

手順⑤「市場」「業種セクターを選択」の下に「来期売上高増減率（%）」「3期前〜今期売上高増減率（%）」「今期売上高営業利益率（%）」「上場年月」が選択されていることを確認。「まとめて設定」を選ぶ

手順⑥「来期売上高増減率（%）」の左側のマスに「20」を入力

「3期前〜今期 売上高増減率（%）」の「20」を入力

「今期売上高営業利益率（%）」に「0」（銘柄数が多いときには「10」）を入力

「上場年月」で5年前（2020年3月なら5年前の2018年3月）を左側のマスに入力

「完了」を選択し、「検索」を実行する

10倍株のポイントを探す4つのポイントのうち、3つ（①成長性（増収率）が高いこと、②売上高営業利益率10%以上、④上場5年以内）でスクリーニングをして、銘柄リストを手に入れることができたはずだ。その上で検索条件に「来期予想PER」を追加して、低い順に並び変えれば割安かどうかもチェックできる。「来期予想PER」の欄をクリックすれば「低い順」「高い順」に切り替えることができるので試してほしい。

10倍株探しの残りの1つの条件である「オーナー企業で筆頭株主かどうか」については、残念ながら四季報オンラインのスクリーニングで絞ることはできず、1つひとつ四季報のページをめくって確認するしかない。しかしスクリーニングで銘柄数はかなり絞られているはずなので、PERが割安な銘柄から目をつけていくと時間はかからないはずだ。

またその際、四季報で「キャッシュフロー」の欄も確認しておきたい。筆者はシンプルに営業キャッシュフローとフリーキャッシュフローを見ている。フリーキャッシュフローについては四季報に掲載されていないが、【営業CF】と【投資CF】を足したものだと考えればよい。営業キャッシュフローも、フリーキャッシュフローもプラスなら「◎」としてスクリーニングした表に加えている。中には営業キャッシュフローはプラスだが、フリーキャッシュフローはマイナス、という銘柄もあり、この場合は「△」にしている。いずれもマイナスの場合は、そもそも候補には加えない。

キャッシュフローについて見ているのは、売上高など業績が伸びていても、実は資金繰りがうまくいっておらず、在庫を抱えていて突然倒産するケースなどのリスクを避けるためだ。四季報でオーナー企業かどうかについて確認するついでに、キャッシュフローも併せて見ることをおすすめする。

図表5-8　会社四季報オンラインのスクリーニング術

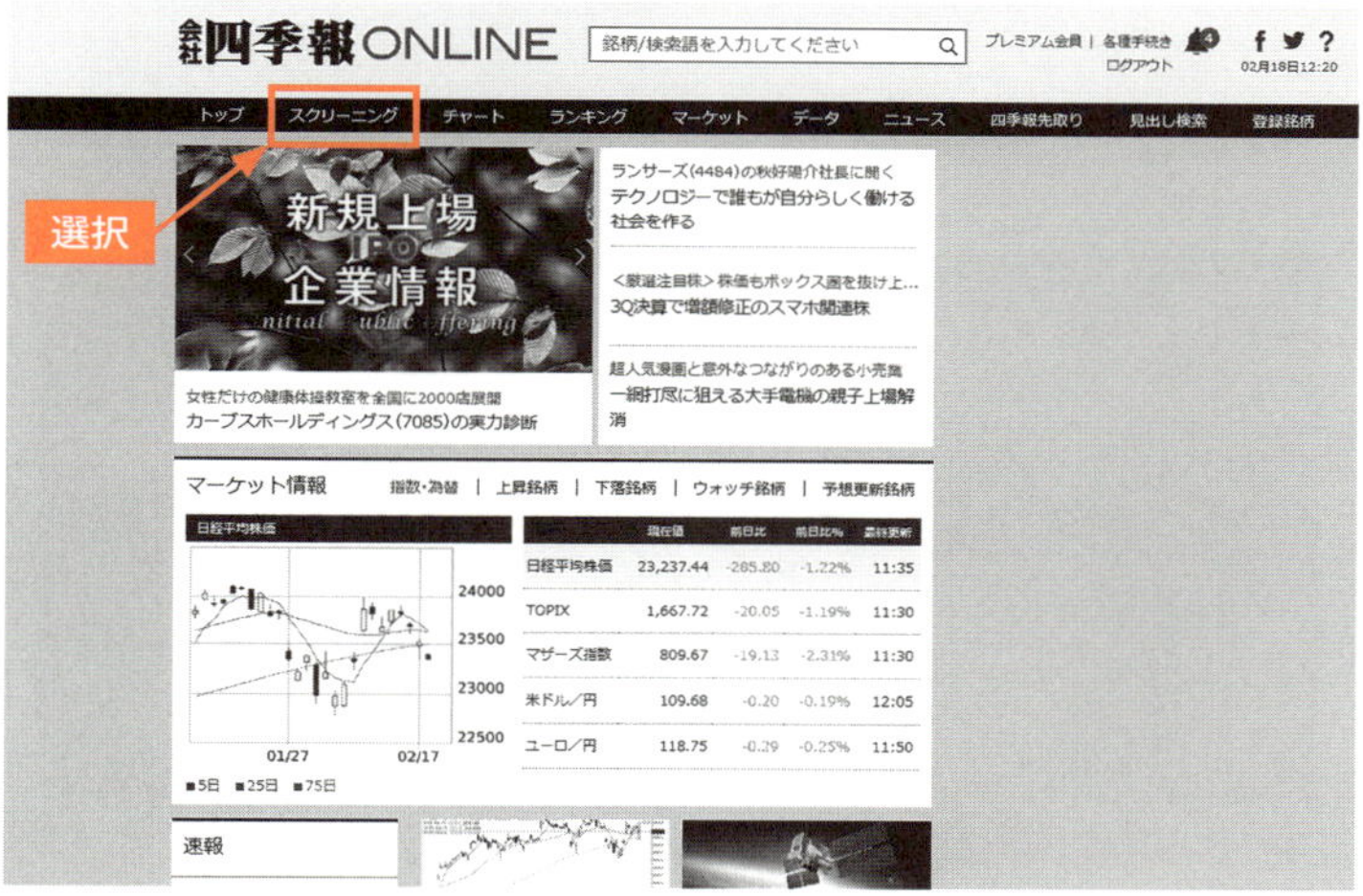

①トップページから「スクリーニング」の画面へ移動

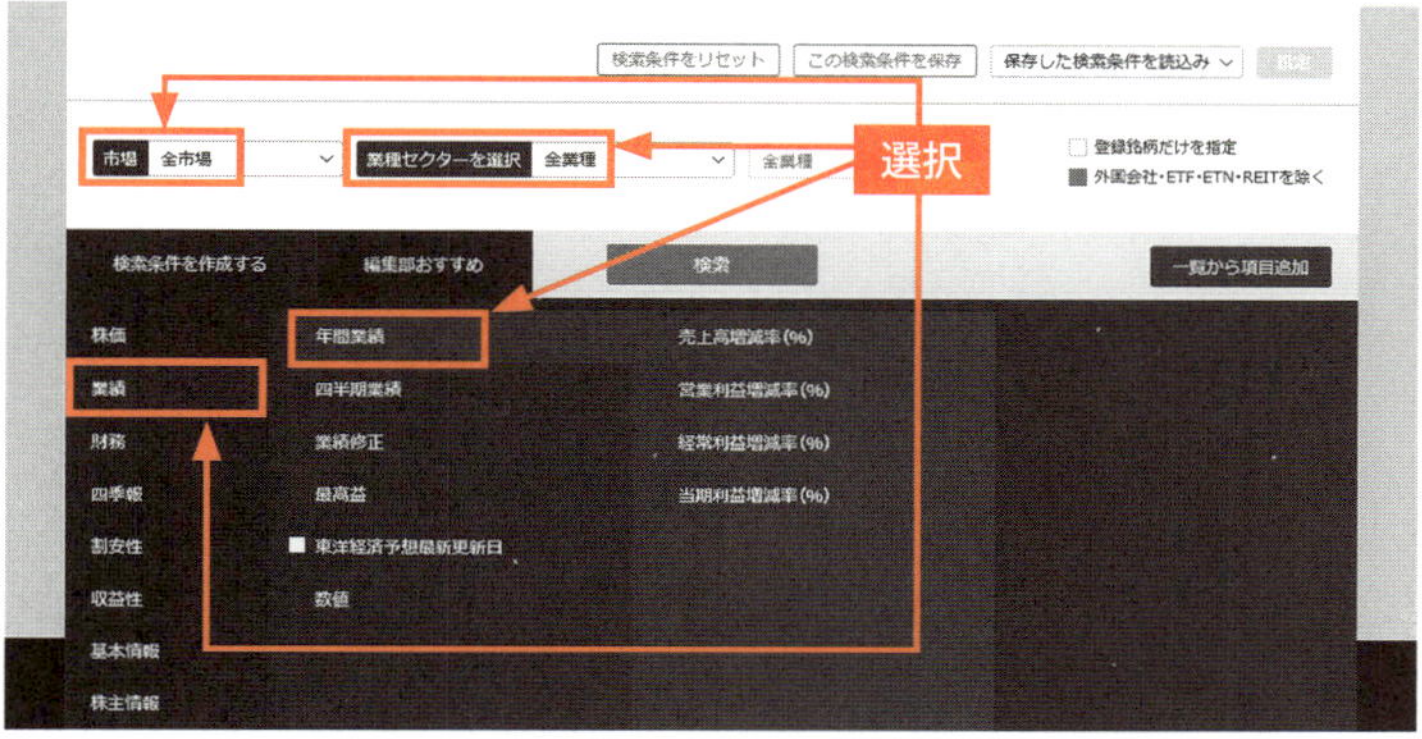

②「全市場」「全業種」を選択し、「検索条件を作成する」から「業績」「年間業績」を選ぶ

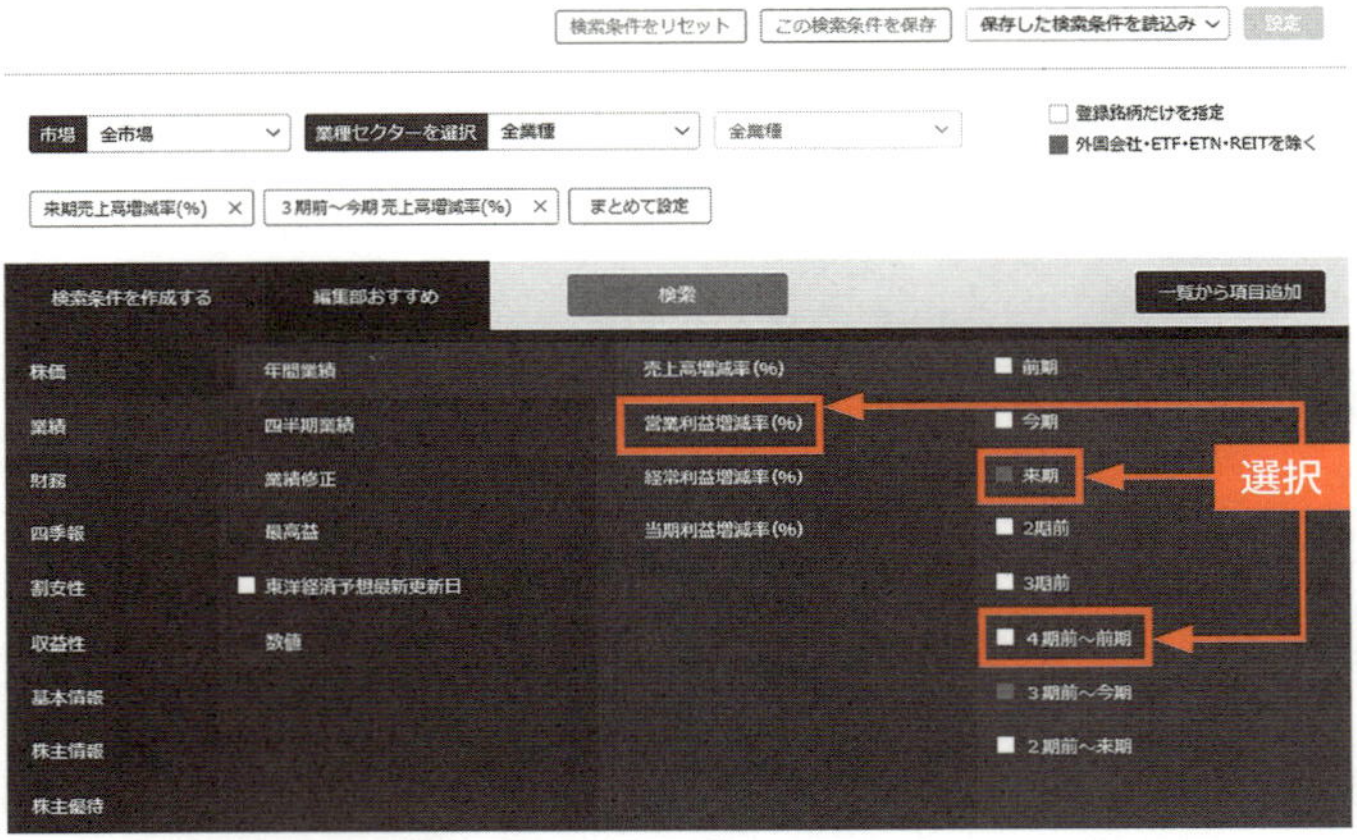

③「売上高増減率（%）」の「来期」「3期前～今期」を選択

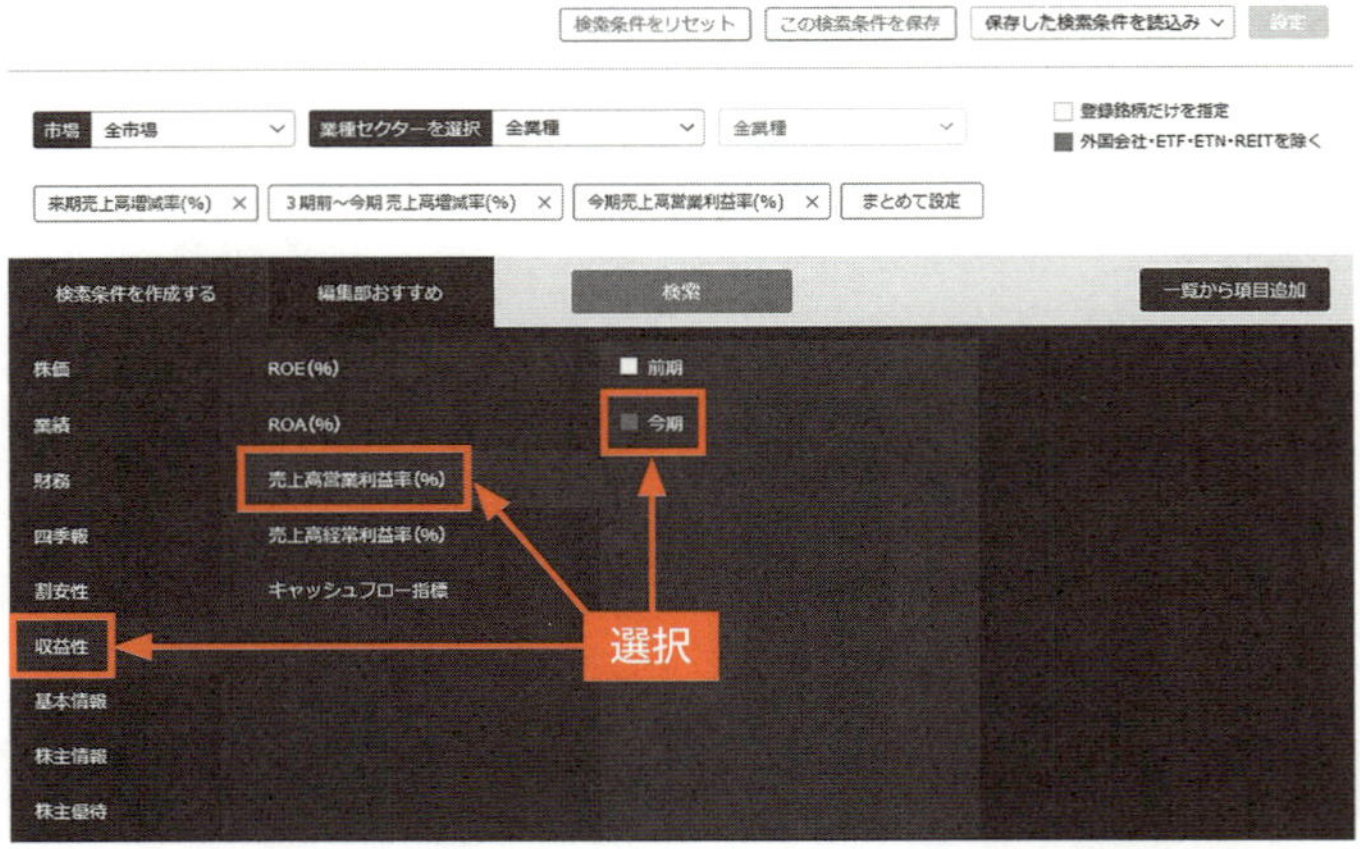

④「検索条件を作成する」から「収益性」を選択し、「売上高営業利益率（%）」「今期」を選ぶ。同様に「検索条件を作成する」から「基本情報」「上場年月」を選択する

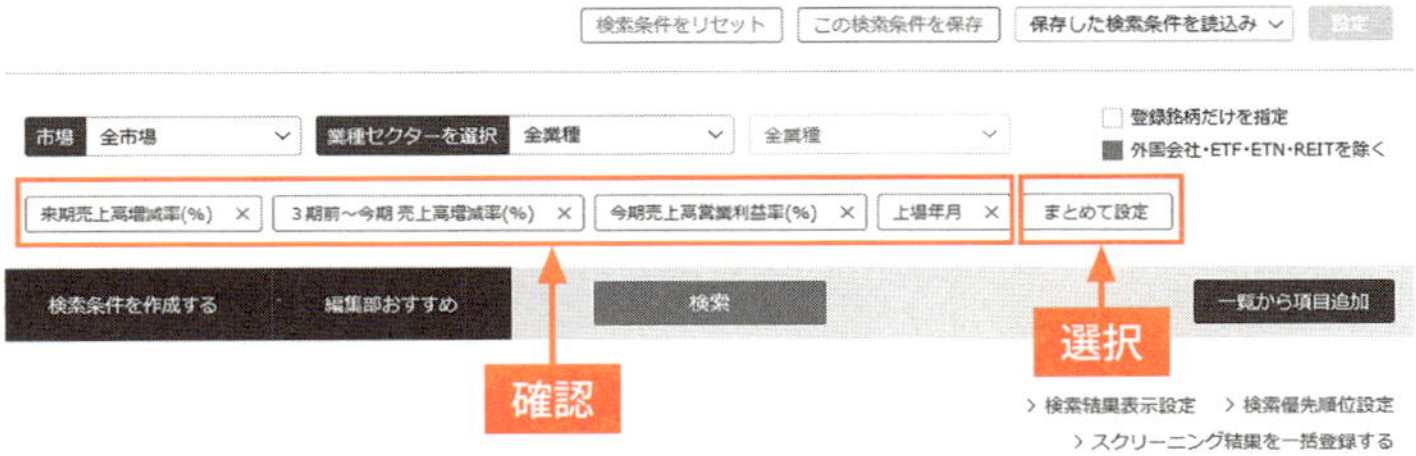

⑤「市場」「業種セクターを選択」の下に「来期売上高増減率（%）」「3期前～今期売上高増減率（%）」「今期売上高営業利益率（%）」「上場年月」が選択されていることを確認。「まとめて設定」を選ぶ

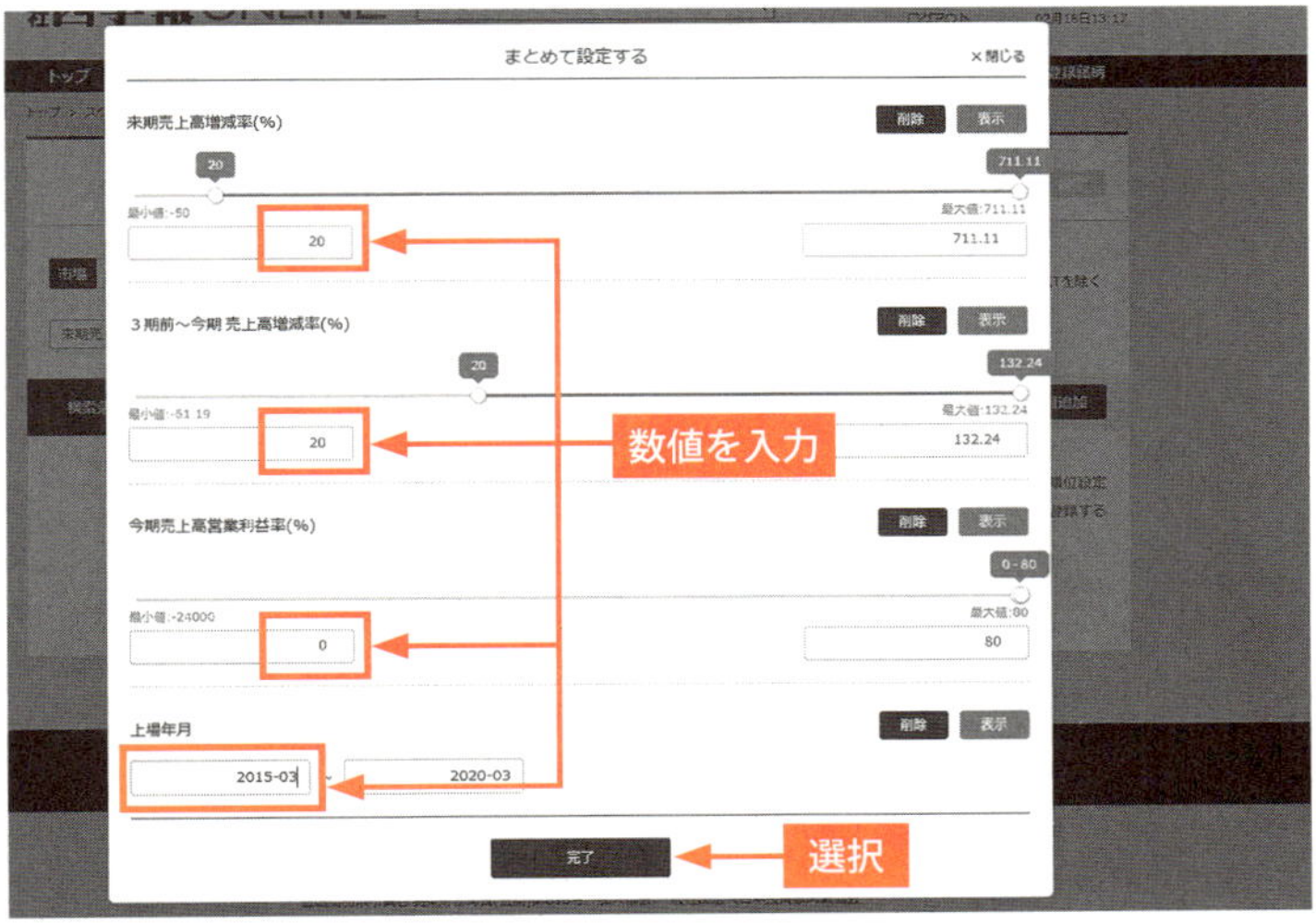

⑥「来期売上高増減率（%）」の左側のマスに「20」を入力
「3期前～今期売上高増減率（%）」の「20」を入力
「今期売上高営業利益率（%）」に「0」（銘柄数が多いときには「10」）を入力
「上場年月」で5年前（2020年3月なら5年前の2018年3月）を左側のマスに入力
「完了」を選択し、「検索」を実行する

番外編

気になったコメント おもしろコメント

最後に番外編として、これまでの四季報読破で、「気になったコメント」や「おもしろコメント」を私の独断と偏見で紹介したい。この話題は四季報オンラインで私が執筆しているコラム「四季報読破邁進中」で2014年8月27日と9月3日の2回にわたって書いたもので、少し古いものもあるのはお許しいただきたい。

またあらかじめお断りしておくが、あくまでこれは私が独断と偏見で勝手に選んだランキングだ。四季報記者がまじめに書いているものに対して、私が1人で勝手にウケていたものである。

四季報は、あの少ない文字数に情報をぎっしり詰め込むため、言葉をはしょるなど独特の文体となっている。そのため、記者がまじめに書けば書くほど、一部の文章だけが非常におもしろく見えてしまうことがある。私が一瞬でもまったく違った意味に解釈し、1人で大ウケしていたことを、その記者に伝えたらびっくりすることだろう。

四季報で銘柄選別する際には「あまのじゃく」的視点も重要なので、あくまで参考として読んでほしい。

◎サンリオ(8136) 2011年1集新春号コメントより

「【訴訟】オランダの裁判所が「キャシー」を「ミッフィー」の模倣と認定。不服申し立てを検討」

サンリオはいわずと知れた「ハローキティ」のキャラクター会社で、世界に夢を売る会社だ。それなのにこのコメントは、一瞬にして夢を壊すようなギクリとするコメントである。

「キャシー」もサンリオのキャラクターで、キティちゃんのお友達のウサギだ。その「キャシー」があまりにオランダの絵本作家ディック・ブルーナ氏の「ミッフィー」に似すぎているとして、ブルーナ氏の知的財産権を管理するオランダ・メルシス社がサンリオを訴えた。この問題が新聞で報道されたときの私の第一印象は、「かわいいウサギによる世界キャラクター戦争勃発か!」というものだった。

インターネット上にはかわいい「キャシー」と「ミッフィー」が殴り合う風刺画像がさっそく流れ、それを見て「実にうまい！」と感心したりした。もっとも、とある国で、日本を代表するキャラクター「ドラえもん」を模倣（？）した不気味なキャラクターがまかり通っているのに比べれば、騒ぎすぎの印象もあった。

結局、この問題はその後に東日本大震災が発生し、メルシス社とサンリオの間で和解が成立し、訴訟費用を被災地復興支援の義援金にまわすという「いい話」で終わっている。ウサギちゃんたちはかわいい顔をして実は高度な政治外交をしていたのかもしれない。

◎東都水産（8038）　2004年4集秋号コメントより

「希望退職募る状況ながら2役員昇格。昇格常務は社長の子息」

◎築地魚市場（8039）　2004年3集夏号コメントより

【異例人事】84歳の大三川社長が会長に。若返り狙うが後任は大都魚類前会長の鈴木氏で同業もびっくり」

ここに出てくる3社はすべて築地市場にある水産物卸の会社だ。当たり前だが本社所在地は3社ともまったく同じ場所で、四季報でも3ページ以内に3社とも記載されている。右のコメントもほぼ同じ時期ということを考えれば、同じ記者が書いたものと推察できる。

記者はおそらく「築地」という狭い世界の人事に注目していたのではないか。少しドラマ仕立てにして「築地ヒラメ物語」みたいな本を出していれば、築地版「半沢直樹」として大ヒットしていたかもしれない。ネタとしてはともかく、残念ながら投資アイデアには結びつかなかったが……。

◎ツノダ（7308） 2007年1集新春号コメントより「【採用】8年ぶり新卒採用復活。正社員4名だが07年春新卒3名採用予定」

このコメントは、まず「正社員4名」でびっくり、8年ぶりの新卒3名採用で「社員はほぼ倍増」でびっくり、それでも現在も御園座（9664）に次ぐ従業員の少なさ（6名）でびっくりと、1粒で3度びっくりだった。

同社はかつて誰もが知る有名な自転車メーカーだった。私は子どものころ、「ツンツンツノダのテーユー号」というテレビCMソングをよく聞いた（今でもなんと、その懐かしいテレビCMが会社ホームページで見られる！）。40代以上の方なら知らない人はいないと思うが時代の大きな流れで国内自転車生産は中国に移り、その流れの中で同社も事業を大きく転換させていった。そして現在の主力事業は「賃貸マンション」になった。四季報の業種分類では、2007年3集夏号をもって「輸送用機器」から「不動産」に変更になっている（※ＴＯＢが成立し２０１８年３月27日上場廃止になった）。

◎川崎汽船（９１０７）　２０１１年３集夏号コメントより

「【突如辞任】本体役員経験なく１年前に抜擢された黒谷社長が４月下旬の取締役会欠席。その後出社せず、５月中旬に辞任。表向きは一身上の理由、前任の前川会長は『戦意喪失』と説明」

当社は日本を代表する海運３社の一角である。「いったい何があったの？」というのが率直な感想だ。「表向きは一身上の理由」となっているので、では実際は何なのと突っ込みたくなる。もし山崎豊子さんがご健在だったら、「沈まぬ巨船」など社会派小説として真相を追求してくれたかもしれない。

四季報コメントには社長はじめ、マネジメントに関するコメントが多い。スキャンダルもあるが、一方でトップマネジメントの変化が、会社を好転させるケースも非常に多い。そのためマネジメントに関するコメントは、よくても悪くても注目したほうがいいと思う。このようなコメントは、３月発売の春号と６月発売の夏号に多いので注意したい。

◎武蔵野興業（９６３５）　２０１２年４集秋号コメントより

「【想定超】レイトショーで18歳未満禁止の異色作『ムカデ人間2』が連日満杯の大ヒット」

銘柄コード9000番台は陸運、海運、運輸・倉庫、情報・通信、電気・ガス、サービス、小売業、卸売業などさまざまな業種が混在しているため、変化に富み、銘柄もJR各社、NTT、ソフトバンク、ファーストリテイリングなど誰もが知っている会社が多い。その反動でそれ以外の銘柄は非常に地味に感じてしまうのだ。

四季報を1000番台から読破し始めると、終盤の9000番台ではすでに体力・気力が落ちているせいかもしれない。その中で、武蔵野興業は「新宿駅前の武蔵野館を持つ映画興行の老舗」の映画館で、特に目立つ存在ではない。

そこでいきなりこのコメントだ。「ムカデ人間って何?」と思わず食いついてしまった。さっそく公式ホームページを見えると、おどろおどろしい映像とともに、「つ・な・げ・て・み・た・い」「映画史上最もヤバい映画」「正真正銘の観る危険物」などと刺激的な表現が並んでいる。

当時、私は恐る恐るホームページにあった1分ほどの予告編を見た。あまりの衝撃に目がくぎづけになり、しかし最後はなぜか笑ってしまった。

特に投資アイデアになったわけではないが、世間一般には流れていない、知る人ぞ知るネタでも、四季報には書いてあったこと自体がすごい。逆にネタがなさすぎてこのネタになったのかもしれないが、私にとっては豆知識が1つ増えたことはよかった。

◎アツギ（3529）　2011年1集新春号コメントより
「軟調のパンストは引き締め」

アツギといえばストッキングやインナーの大手だ。そのアツギの、このコメントを見た瞬間、「だぶだぶのパンストを引き締める!?」と認識したと同時に、非常に変な映像を頭に思い描いてしまった。この文だけを見れば私じゃなくても多くの方が同じことを想像するのではないだろうか。

このコメントには「丈夫など機能打ち出す新製品を投入」と続く。つまり、記者がいいたかったのは、業績がよくないパンスト部門の手綱を引き締めて、丈夫な新製品を投入し、テコ入れをするということだったのだ。

◎日東製網（3524）　2005年4集秋号コメントより
「【宇宙ゴミ】使用済人工衛星等宇宙のゴミ回収用特殊高強度網を宇宙航空研究開発機構と共同開発」

日東製網は、定置網や引き網などのいわゆる「漁網」の会社だ。意外なところでは、サッカーのゴールネットなども手がけている。一見地味な網の会社が、このころすでに宇宙を見据えていたのには結構びっくりする。インターネットの「ネット関連」より、宇宙へ本当に展開する網の「リアルネット関連」として、当社のほうに夢があるかもしれない。

かつて「防衛省は自衛隊初の宇宙部隊を5年後に発足させる方針」と報道されたことがある。当面は、役割を終えた人工衛星やロケットなど宇宙に漂う物体「宇宙ゴミ」を監視し、人工衛星との衝突を防止するのが主な任務になるとのことだ。さらに報道によると、宇宙ゴミは地上から把握できない小さなものを含めると50万個以上もあり、中には秒速7～8キロの猛スピードで地球を周回しているものもあると指摘している。

第86回アカデミー賞で監督賞を受賞した『ゼロ・グラビティ』も宇宙ゴミを題材にしている。この広い宇宙の安全を守るのが日本の漁網メーカーというのは非常に夢のある話ではないか。

◎はごろもフーズ（2831）　2001年4集秋号コメントより

【混　入】入れ歯混入、ミカン缶詰の異臭問題に続き、カツオ缶詰で異物混入事故発生」

当社はツナ缶詰「シーチキン」で有名な会社だ。缶詰を食べようと思ってフタを開けたら入れ歯が入っていたなんて、お笑いコントそのものでびっくり仰天だ。ただ、私には、そもそも入れ歯を落とした人はそのことに気づかなかったのだろうか、その後食事はちゃんと食べられたのかという点のほうが、気になって仕方がなかった。

当時の食品業界では異物混入が社会問題になっていて、お菓子に小さな虫が入っていたとか、プリンからカエルが出たなどが次々明るみに出た。海外ではこうした不祥事があっても、逆手にとって新製品「入れ歯の缶詰」なんてやるのかもしれない。しかし厳格な日本は食の安全に対して神経質に取り組み、結果として世界トップクラスの安全性を誇るようになった（冷凍食品に農薬混入という残念な事件もあったが、これは悪意をもって故意にやったもので例外だ）。

訪日客の日本のお土産人気ランキングに実はお菓子が入っているそうだ。種類の豊富さや手軽さが受けているとのことだが、日本の食の安全神話に引きつけられている面も大きいだろう。訪日客関連銘柄として菓子メーカーを取り上げるのもおもしろいかもしれない。

◎なとり（2922） 2005年2集春号コメントより

「『イカ』が伸び、足引っ張る」

この一文からは、「ダイオウイカ並みの化け物イカが伸びてきて、人間の足を引っ張り、海に引きずり込む」という恐怖のシーンしか思い浮かばない。「よくも〝さきいか〟にしてくれたな」という声まで聞こえるほど頭が混乱した。（……なとりはイカを〝さきいか〟にしておつまみとして提供してきた会社だけに、イカの逆襲にあったのか？）と。

真相は、原料の「イカ」が高騰しているにもかかわらず、「イカのおつまみ」の売り上げが伸びてしまい、業績の足を引っ張ったという内容だった。

以上が、当時コラムで紹介した四季報のおもしろコメントである。その後もおもしろコメントはたくさん掲載されているので、一部をお伝えしたい。

◎アイビー化粧品（4918）2014年4集秋号コメントより

「メーク総崩れ」

これは化粧崩れの話ではなく業績の話である。

◎川崎重工業（7012）2015年4集秋号コメントより

「超繁忙なう」

いきなりTwitter表現？　と思ったが、「超繁忙なうえ、」が正しい文で、改行によって「超繁忙なう」に見えたもの。

◎パーク24（4666）　2016年2集春号コメントより

【目を見てノー】

監査等委員会設置会社へ移行。取締役8人中3人の社外役員で「社長の目を見てノーと言えるか」が選定基準とのこと。

◎ジャストプランニング（4287）　2017年2集春号コメントより

【そばがのびる】

そばが伸びたのではなく、「そば・うどん店向けASPソフト提供延期」ということで納期が延びたとのこと。

◎アニコム　ホールディングス（8715）　2018年1集新春号コメントより

【ネコノミクス】

猫の経済政策でもなく、猫の手も借りたいということでもなく、「ベネッセと業務提携。

犬と比べてペットショップ経由の接点を持ちにくい（猫の）飼い主へアクセス強化」ということらしい。

四季報は「よい銘柄を探す」ために活用するのではなく、「おもしろいネタを探す」という視点で見るとむしろ視野は広がる。「よい銘柄」と「おもしろネタ」が同時に見つかるチャンスもあるので、ぜひ実践してみてほしい。

本書は会社四季報オンラインに連載している「四季報読破邁進中」に大幅加筆し、まとめ直したものである。東洋経済新報社のみなさまの助言とお力添えに、心から感謝を表したい。

【著者紹介】
渡部清二（わたなべ　せいじ）
複眼経済塾 代表取締役塾長
1967年生まれ。1990年筑波大学第三学群基礎工学類変換工学卒業後、野村證券入社。個人投資家向け資産コンサルティングに10年、機関投資家向け日本株セールスに12年携わる。野村證券在籍時より、『会社四季報』を1ページ目から最後のページまで読む「四季報読破」を開始。20年以上継続中で、80冊以上を読破。2013年野村證券退社。2014年四季リサーチ株式会社設立、代表取締役就任。2016年複眼経済観測所設立、2018年複眼経済塾に社名変更。2017年3月には、一般社団法人ヒューマノミクス実行委員会代表理事に就任。テレビ・ラジオなどの投資番組に出演多数。「会社四季報オンライン」でコラム「四季報読破邁進中」を連載。『インベスターZ』の作者、三田紀房氏の公式サイトでは「世界一『四季報』を愛する男」と紹介された。

〈所属団体・資格〉
公益社団法人 日本証券アナリスト協会検定会員
日本ファイナンシャル・プランナーズ協会認定AFP
国際テクニカルアナリスト連盟認定テクニカルアナリスト
神社検定2級

会社四季報の達人が教える10倍株・100倍株の探し方

2018年 6 月 28 日　第 1 刷発行
2020年 11 月 10 日　第 8 刷発行

著　者――渡部清二
発行者――駒橋憲一
発行所――東洋経済新報社
〒103-8345　東京都中央区日本橋本石町 1-2-1
電話＝東洋経済コールセンター　03(6386)1040
https://toyokeizai.net/

装　丁…………秦　浩司（hatagram）
D T P…………アイランドコレクション
印　刷…………東港出版印刷
製　本…………積信堂
編集協力………吉岡名保恵
編集担当………黒坂浩一

Printed in Japan　ISBN 978-4-492-73347-9